한자의 3요소

한자(漢字)는 하나의 글자가 모양·뜻·소리를 함께 나타내는 뜻글자입니다.

모양	日	月	川
뜻	날	달	내
소리	일	월	천

한자를 쓰는 순서

1. 왼쪽부터 하나씩 오른쪽으로 써나갑니다.

   川 → 丿 川 川

2. 위부터 하나씩 아래로 써내려갑니다.

   三 → 一 二 三

3. 가로세로가 교차하면 가로부터 씁니다.

   十 → 一 十

4. 삐침(／)과 파임(＼)이 만날 때는 삐침부터 씁니다.

   大 → 一 ナ 大

5. 가운데가 있고 좌우가 대칭이면 가운데부터 씁니다.

   小 → 亅 亅 小

6. 바깥쪽과 안쪽이 있을 때는 바깥쪽부터 씁니다.

   目 → 丨 冂 冂 目 目

7. 전체를 꿰뚫는 획은 마지막에 씁니다.

   女 → く 女 女

8. 오른쪽 위의 점은 마지막에 씁니다.

   犬 → 一 ナ 大 犬

BIG PICTURE

랭컴출판사의 빅픽처는 쉽고 재미있게 즐기면서 신나게 공부할 수 있는
색칠공부와 따라쓰기 교재를 연구하고 개발하는 사람들이 모여서
큰 그림을 그리면서 적극적으로 활동하고 있습니다.

엄마가 골라주는
어린이 한자 2 따라쓰기

2023년 03월 25일 초판 1쇄 인쇄
2023년 03월 28일 초판 1쇄 발행

지은이 BIG PICTURE
발행인 손건
편집기획 김상배, 장수경
마케팅 최관호, 김재명
디자인 Purple
제작 최승용
인쇄 선경프린테크

발행처 LanCom 랭컴
주소 서울시 영등포구 영신로34길 19, 3
등록번호 제 312-2006-00060호
전화 02) 2636-0895
팩스 02) 2636-0896
홈페이지 www.lancom.co.kr
이메일 elancom@naver.com

ⓒ 랭컴 2023
ISBN 979-11-92199-35-1 73710

이 책의 저작권은 저자에게 있습니다. 저자와 출판사의 허락없이
내용의 일부를 인용하거나 발췌하는 것을 금합니다.

엄마가 골라주는

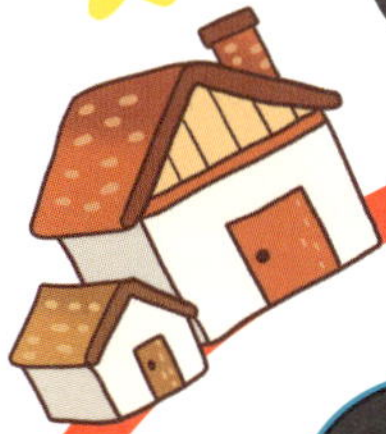

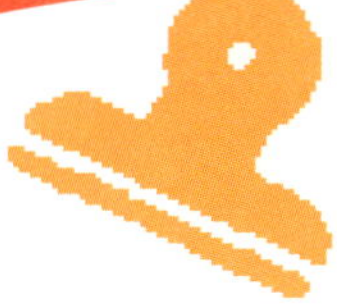

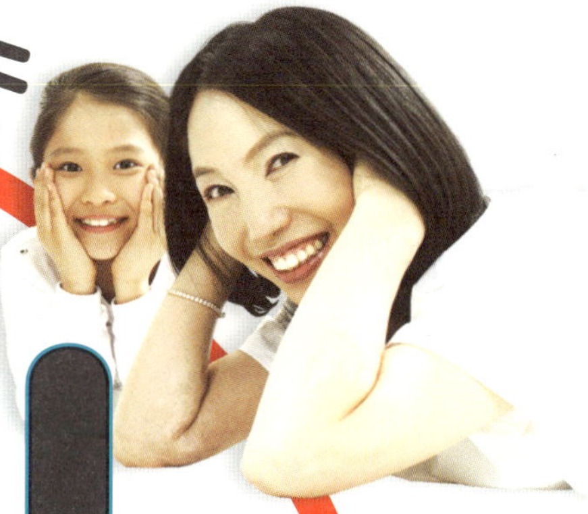

어린이 한자 2 따라쓰기

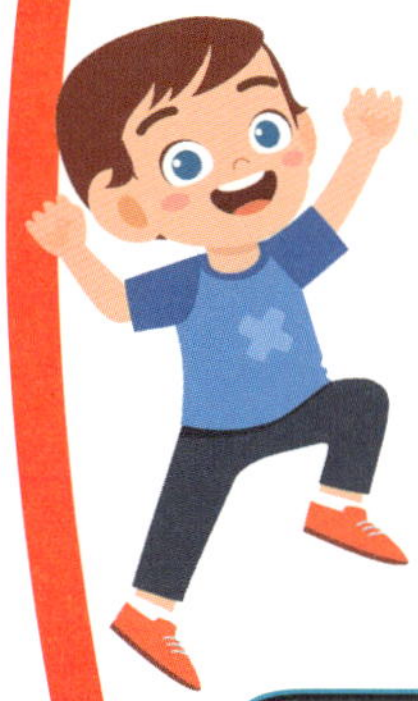

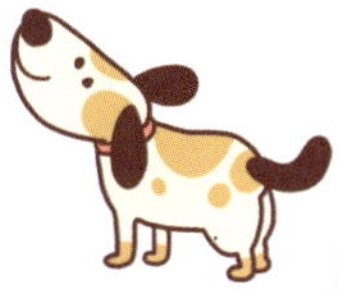

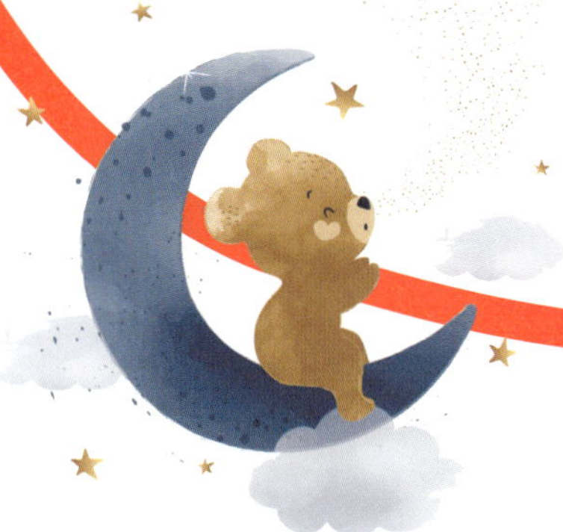

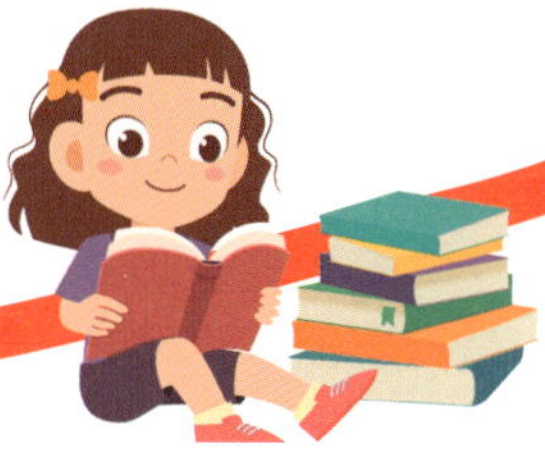

LanCom
Language & Communication

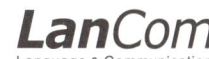

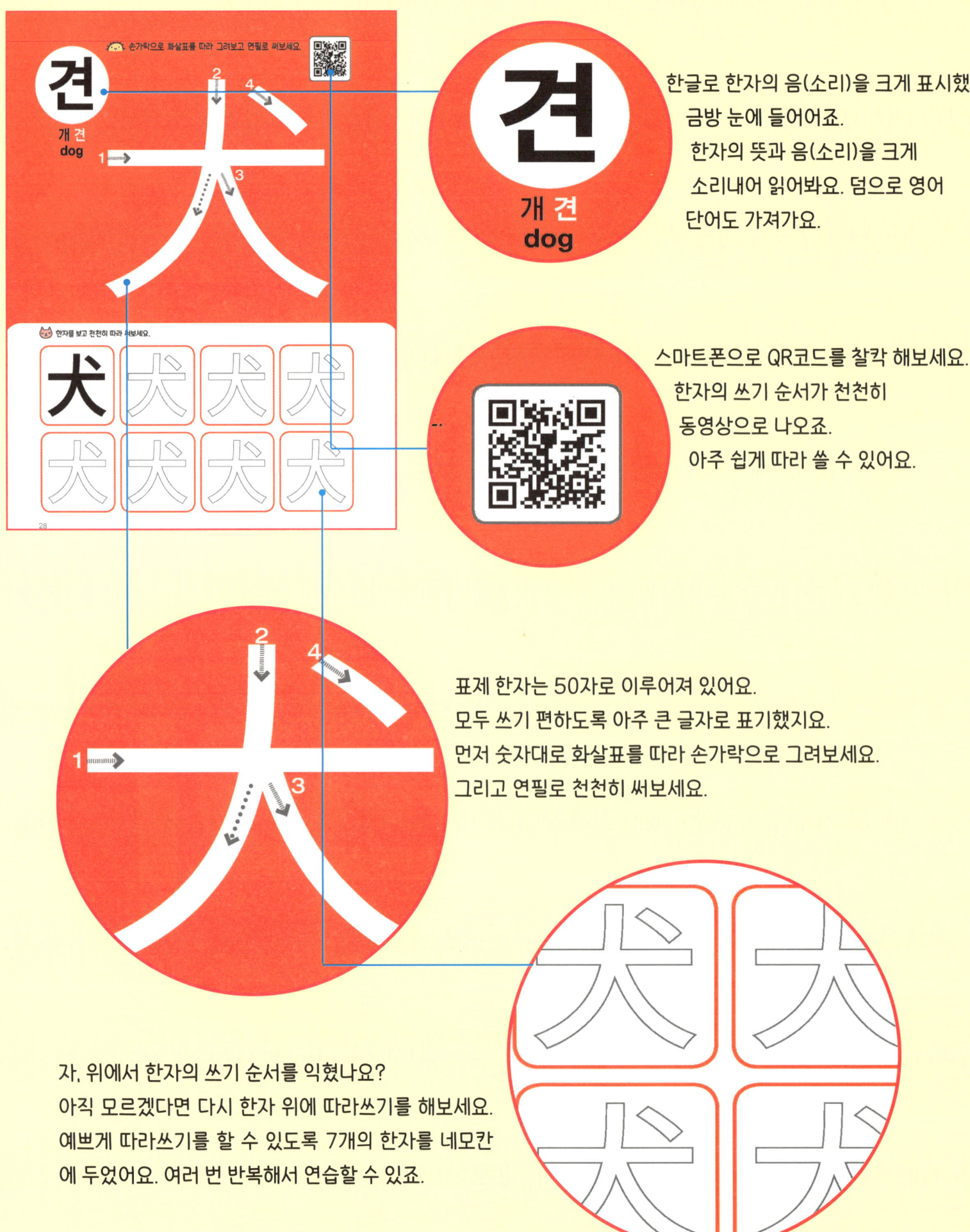

한자가 단어에서는 어떻게 쓰이는지 확인해요. 한자 위에는 음(소리)이고, 아래는 단어의 뜻이에요. 단어를 큰 소리로 읽어보세요.

한자에 알맞는 그림을 두었어요. 그림을 보면서 상상해보세요. 훨씬 기억에 오래 남을 거예요.

색연필을 준비하세요. 한자 쓰기 순서에 따라 여러 가지 색깔로 예쁘게 색칠해보세요. 그럼 한자가 그림처럼 느껴질 거예요.

이제 마무리해요. 한자를 보지 말고 네모칸에 또박또박 써보세요. 물론 네모 빈칸을 모두 채워야겠죠.

자

아들 자
son

☀ 손가락으로 화살표를 따라 그려보고 연필로 써보세요.

🐱 한자를 보고 천천히 따라 써보세요.

☁️ 단어를 큰소리로 읽고 그림 한자를 예쁘게 색칠해요.

자 녀
子女
*아들과 딸

자 손
子孫
*아들과 손자

부 자
父子
*아버지와 아들

왕 자
王子
*임금의 아들

🐱 한자를 보지 말고 또박또박 써보세요.

손가락으로 화살표를 따라 그려보고 연필로 써보세요.

남
사내 남
man

한자를 보고 천천히 따라 써보세요.

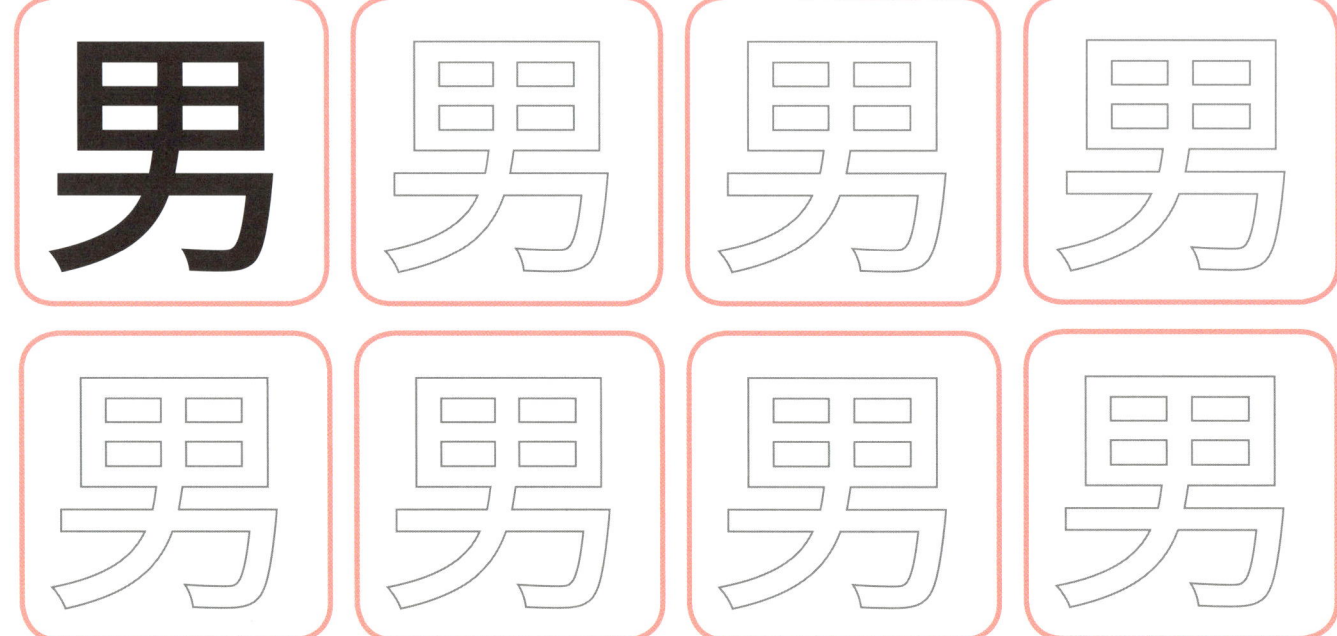

☁️ 단어를 큰소리로 읽고 그림 한자를 예쁘게 색칠해요.

남 녀
男女
*남자와 여자

미 남
美男
*잘 생긴 남자

남 자
男子
*사내

남 학 생
男學生
*남자 학생

🐱 한자를 보지 말고 또박또박 써보세요.

녀
계집 녀
woman

손가락으로 화살표를 따라 그려보고 연필로 써보세요.

女

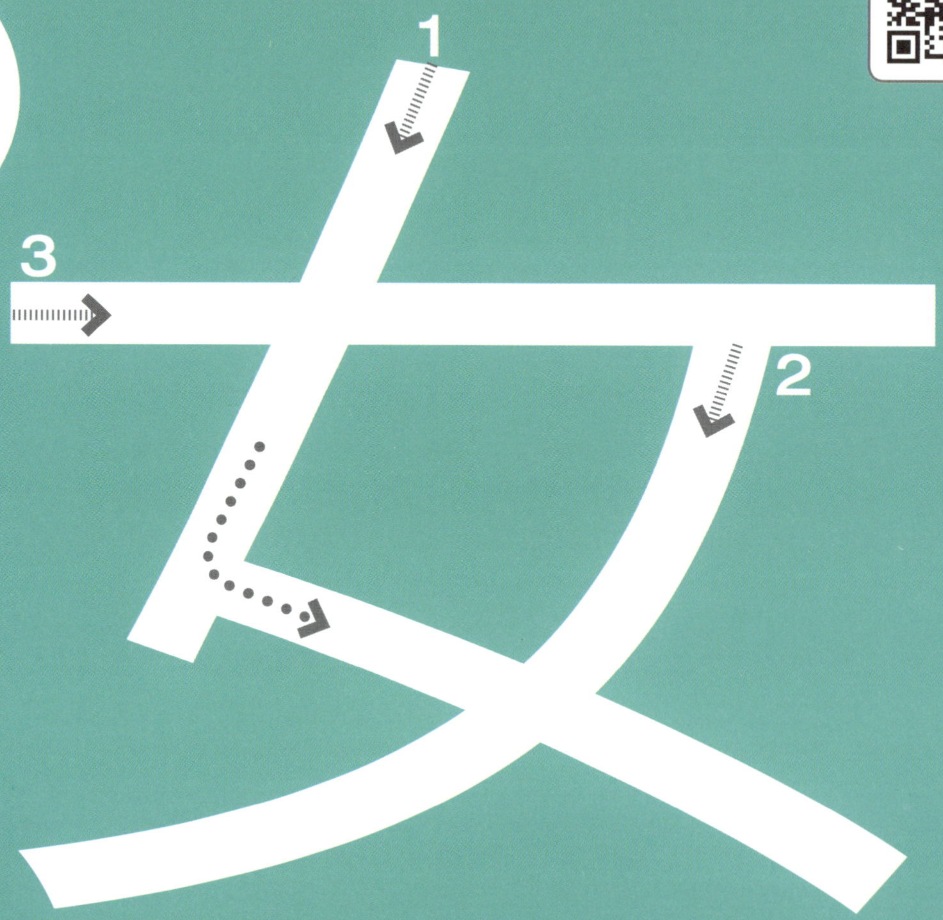

한자를 보고 천천히 따라 써보세요.

단어를 큰소리로 읽고 그림 한자를 예쁘게 색칠해요.

여왕 女王
*여자 임금

미녀 美女
*아름다운 여자

여자 女子
*계집

마녀 魔女
*마력을 가진 여자

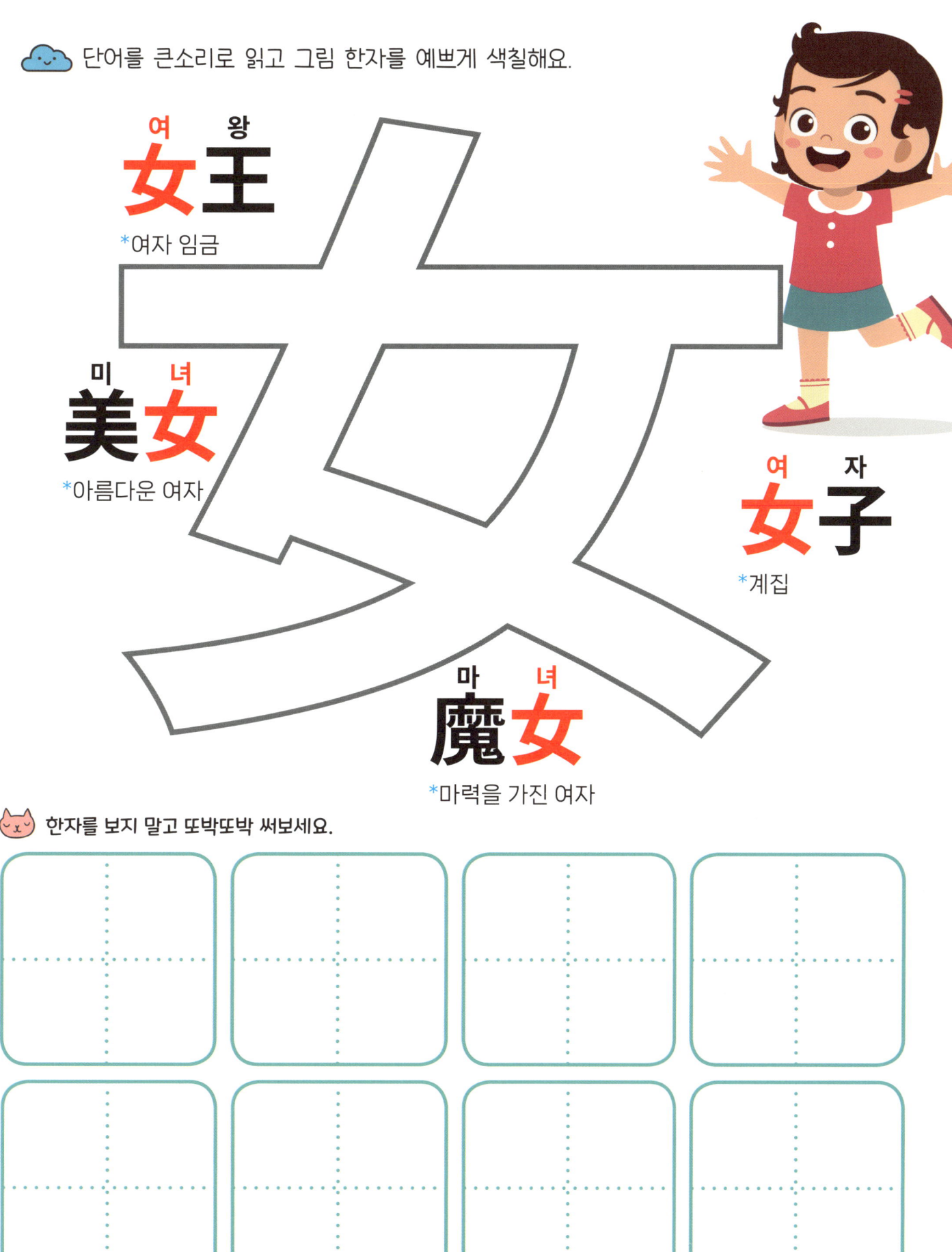

한자를 보지 말고 또박또박 써보세요.

父

아비 부
father

🌅 손가락으로 화살표를 따라 그려보고 연필로 써보세요.

🐱 한자를 보고 천천히 따라 써보세요.

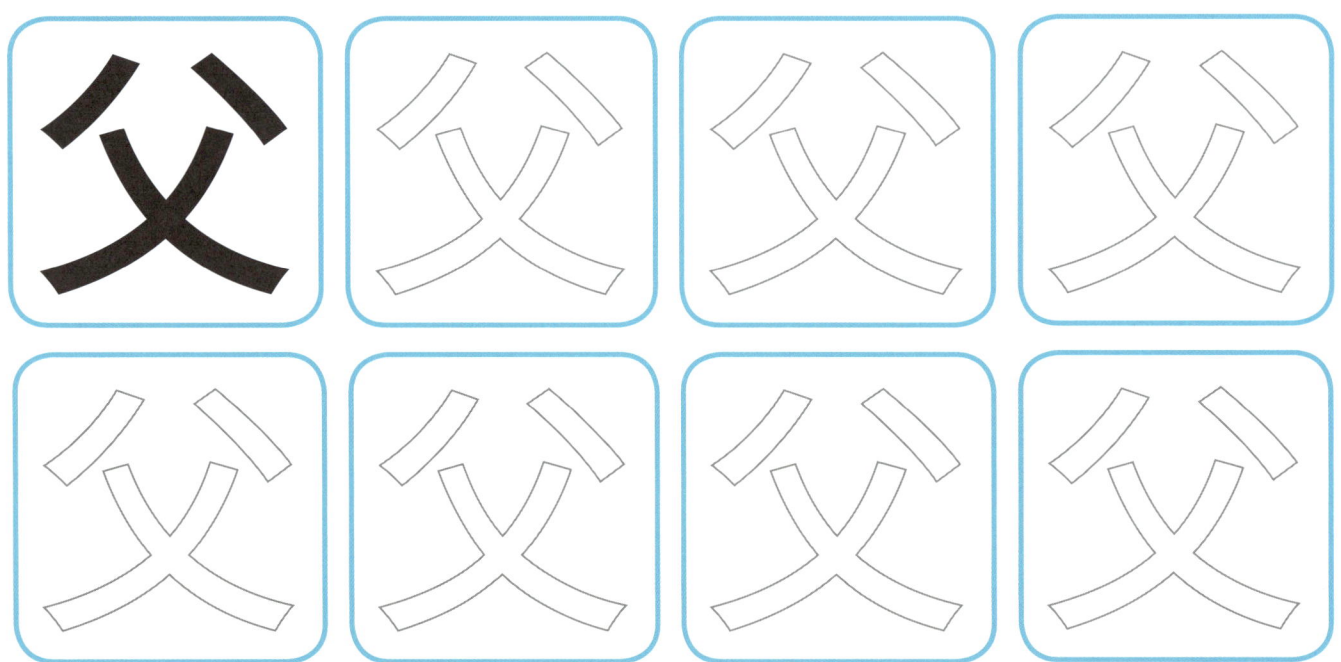

☁️ 단어를 큰소리로 읽고 그림 한자를 예쁘게 색칠해요.

부 녀
父女
*아버지와 딸

조 부 모
祖父母
*할아버지와 할머니

부 자
父子
*아버지와 아들

부 모
父母
*아버지와 어머니

🐱 한자를 보지 말고 또박또박 써보세요.

모

어미 모
mother

손가락으로 화살표를 따라 그려보고 연필로 써보세요.

한자를 보고 천천히 따라 써보세요.

☁️ 단어를 큰소리로 읽고 그림 한자를 예쁘게 색칠해요.

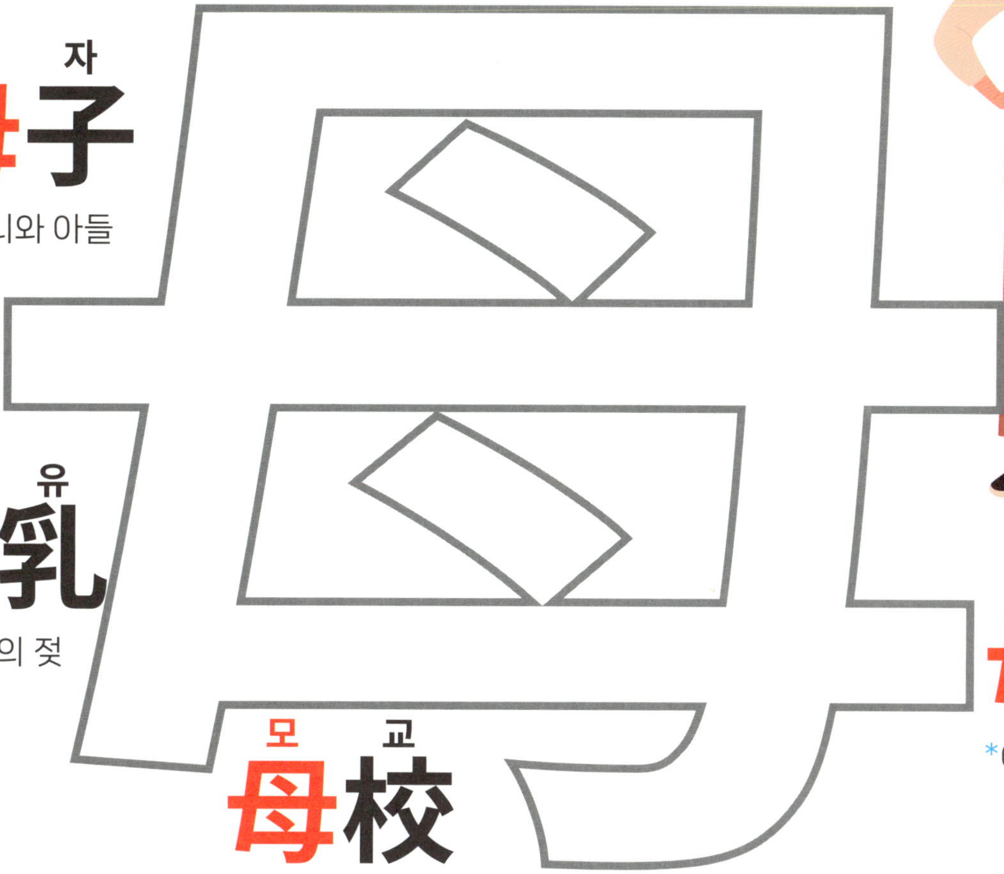

모자
母子
*어머니와 아들

모유
母乳
*제 어미의 젖

모교
母校
*자기가 다녔던 학교

모녀
母女
*어머니와 딸

🐱 한자를 보지 말고 또박또박 써보세요.

👍 다음 한자를 보고 알맞는 음(소리)을 선으로 연결해보세요.

母 •   • 부
父 •   • 모
女 •   • 자
男 •   • 남
子 •   • 녀

🍦 다음 한자의 음훈(소리와 뜻)을 보고 알맞는 한자에 동그라미를 치세요

어미 모   子 男 女 父 母

아들 자   子 男 女 父 母

계집 녀   子 男 女 父 母

사내 남   子 男 女 父 母

아비 부   子 男 女 父 母

다음 밑줄 친 한자의 독음(읽는 소리)을 동그라미에 써넣으세요.

○ 子녀   ○ 母교

○ 男녀   ○ 왕子

○ 마女   ○ 미男

○ 父모   ○ 女왕

○ 母녀   ○ 父녀

🐱 다음 음훈(소리와 뜻)에 알맞은 한자를 네모 칸에 써넣으세요.

계집 녀   사내 남   어미 모   아비 부

손가락으로 화살표를 따라 그려보고 연필로 써보세요.

맏 형
elder brother

한자를 보고 천천히 따라 써보세요.

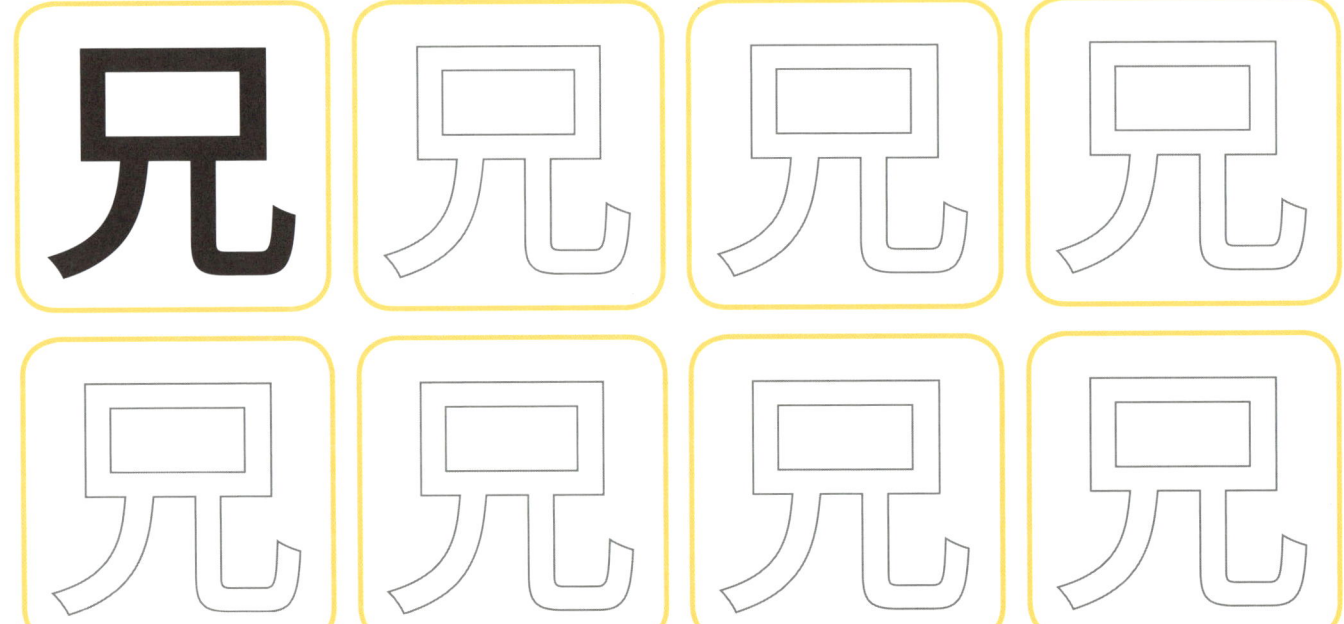

☁️ 단어를 큰소리로 읽고 그림 한자를 예쁘게 색칠해요.

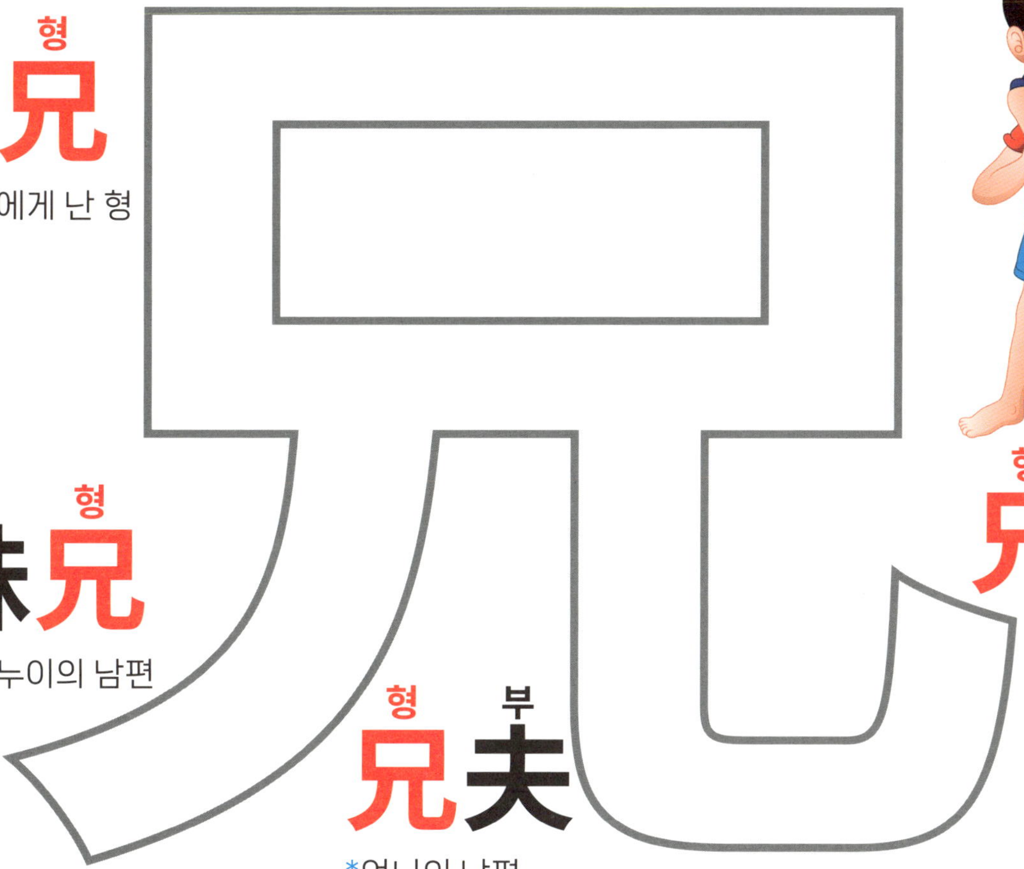

친 형
親兄
*한 부모에게 난 형

매 형
妹兄
*손윗누이의 남편

형 부
兄夫
*언니의 남편

형 제
兄弟
*형과 동생

🐱 한자를 보지 말고 또박또박 써보세요.

🌅 손가락으로 화살표를 따라 그려보고 연필로 써보세요.

弟

아우 제
younger brother

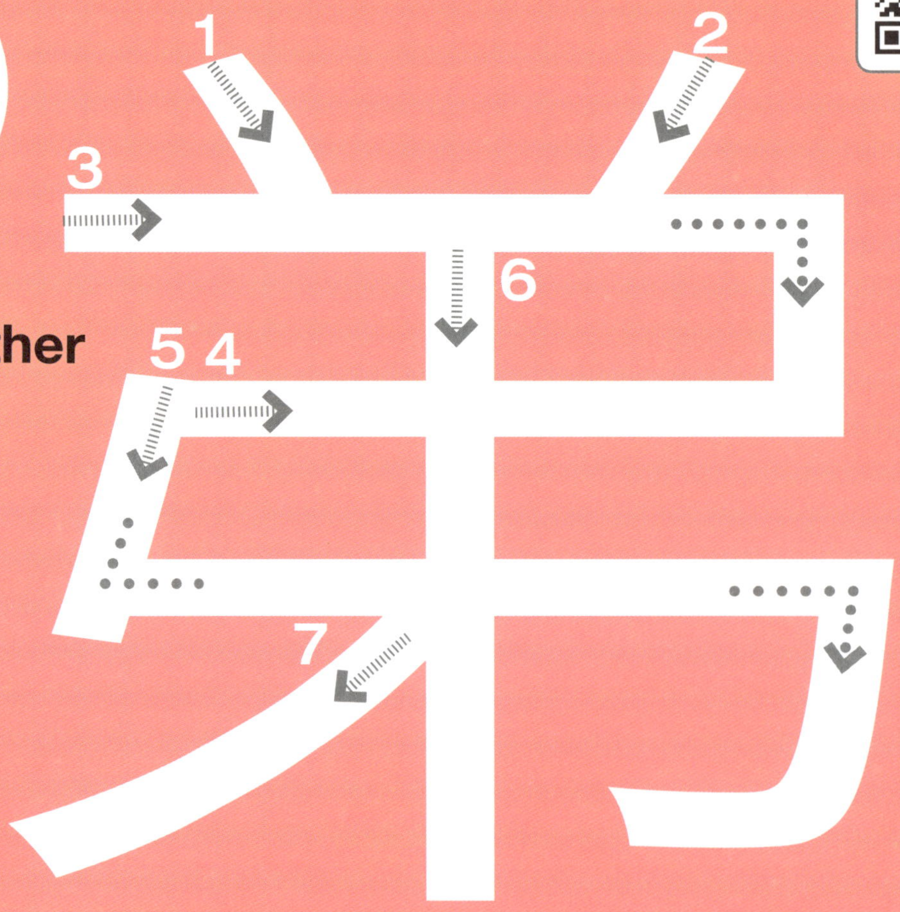

🐱 한자를 보고 천천히 따라 써보세요.

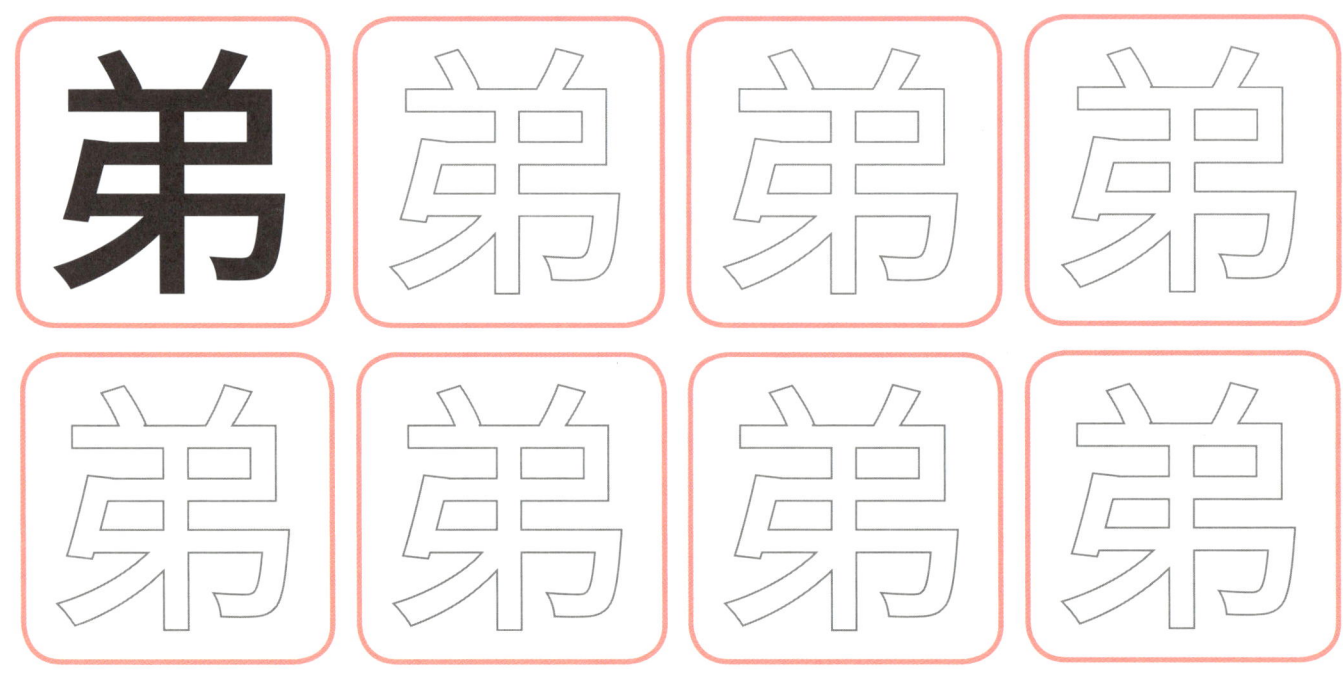

단어를 큰소리로 읽고 그림 한자를 예쁘게 색칠해요.

제 자
弟子
*스승의 가르침을 받는 사람

사 제
師弟
*스승과 제자

처 제
妻弟
*아내의 여동생

매 제
妹弟
*손아래의 누이

한자를 보지 말고 또박또박 써보세요.

우
소 우
COW

🌞 손가락으로 화살표를 따라 그려보고 연필로 써보세요.

🐱 한자를 보고 천천히 따라 써보세요.

단어를 큰소리로 읽고 그림 한자를 예쁘게 색칠해요.

우 마
牛馬
*소와 말

우 유
牛乳
*소의 젖

흑 우
黑牛
*털빛이 검은 소

한 우
韓牛
*우리나라 재래종의 소

한자를 보지 말고 또박또박 써보세요.

마
말 마
horse

손가락으로 화살표를 따라 그려보고 연필로 써보세요.

한자를 보고 천천히 따라 써보세요.

🌥️ 단어를 큰소리로 읽고 그림 한자를 예쁘게 색칠해요.

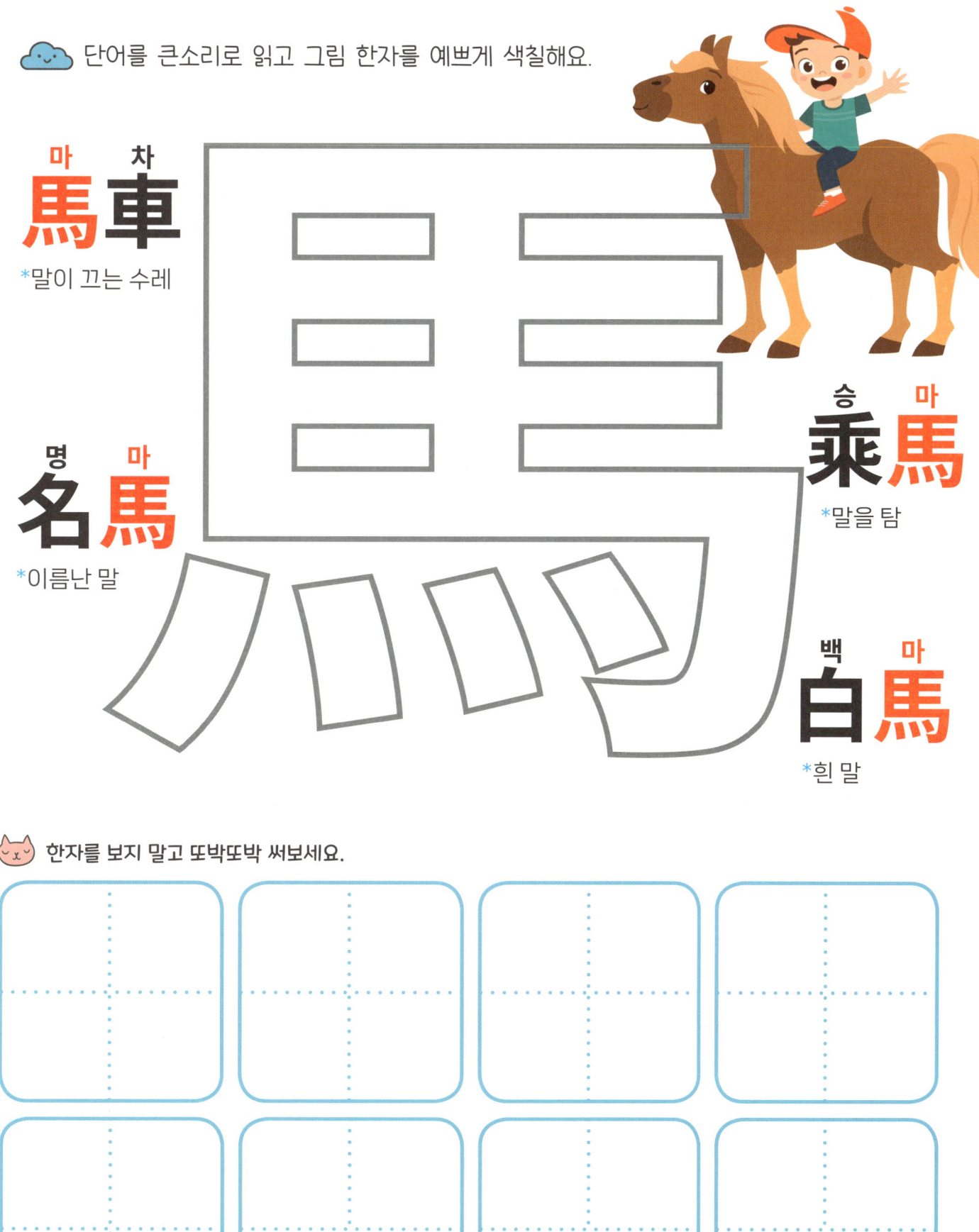

마 차
馬車
*말이 끄는 수레

명 마
名馬
*이름난 말

승 마
乘馬
*말을 탐

백 마
白馬
*흰 말

🐱 한자를 보지 말고 또박또박 써보세요.

손가락으로 화살표를 따라 그려보고 연필로 써보세요.

견

개 견

dog

한자를 보고 천천히 따라 써보세요.

犬	犬	犬	犬
犬	犬	犬	犬

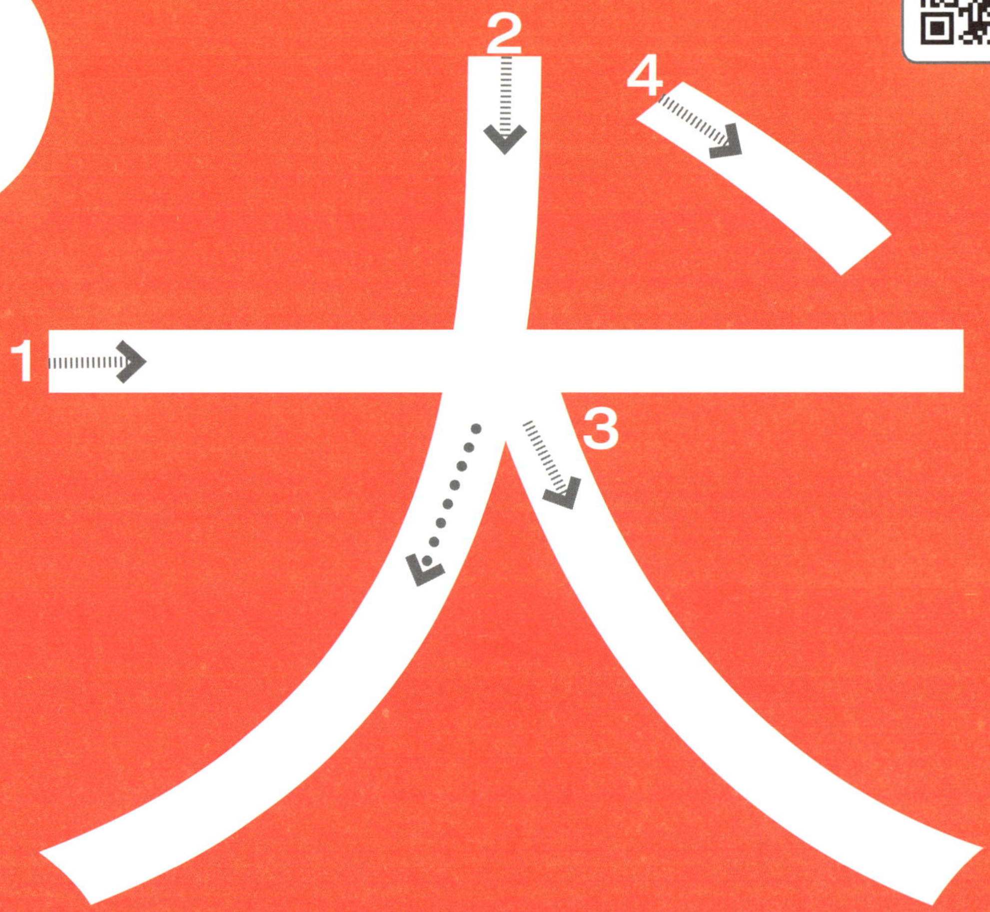

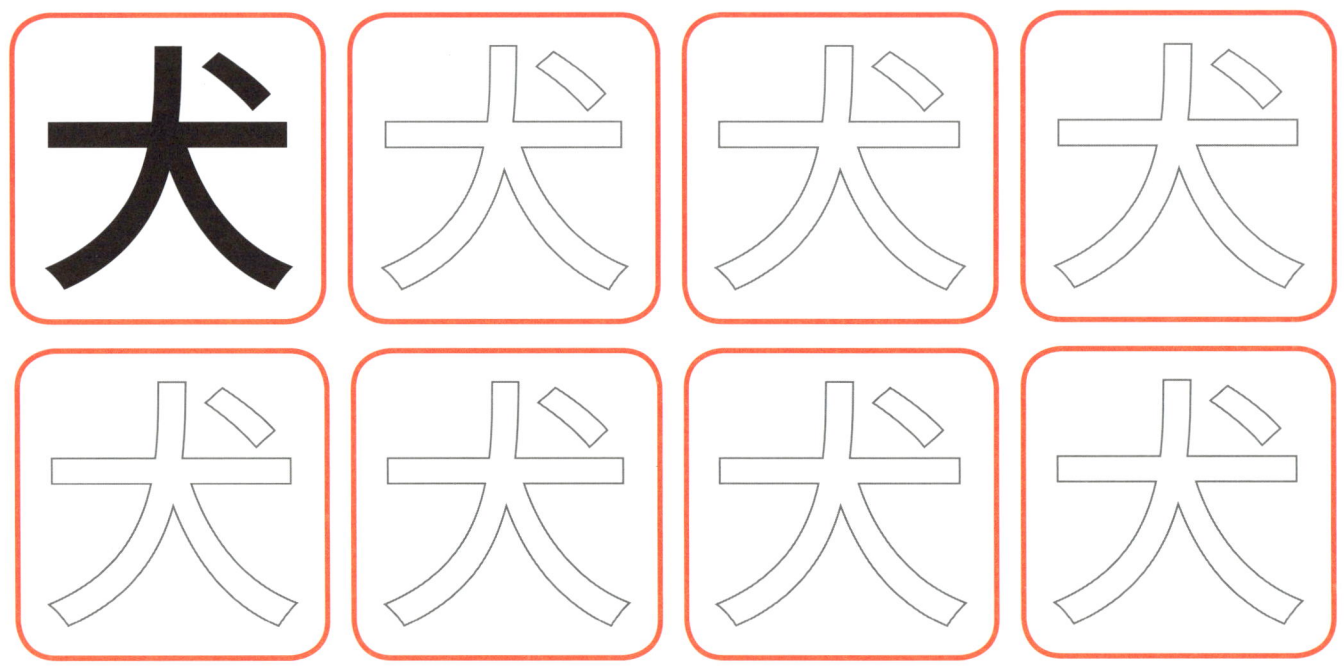

단어를 큰소리로 읽고 그림 한자를 예쁘게 색칠해요.

명 견
名 犬
*이름난 개

충 견
忠 犬
*주인에게 충실한 개

애 견
愛 犬
*개를 좋아함

맹 견
猛 犬
*사나운 개

한자를 보지 말고 또박또박 써보세요.

다음 한자를 보고 알맞는 음(소리)을 선으로 연결해보세요.

犬 •　　　　　• 견
馬 •　　　　　• 형
牛 •　　　　　• 제
弟 •　　　　　• 우
兄 •　　　　　• 마

다음 한자의 음훈(소리와 뜻)을 보고 알맞는 한자에 동그라미를 치세요

개 견　　兄　弟　牛　馬　犬

소 우　　兄　弟　牛　馬　犬

아우 제　兄　弟　牛　馬　犬

맏 형　　兄　弟　牛　馬　犬

말 마　　兄　弟　牛　馬　犬

다음 밑줄 친 한자의 독음(읽는 소리)을 동그라미에 써넣으세요.

친兄	애犬
弟자	兄제
한牛	사弟
馬차	牛유
명犬	승馬

다음 음훈(소리와 뜻)에 알맞는 한자를 네모 칸에 써넣으세요.

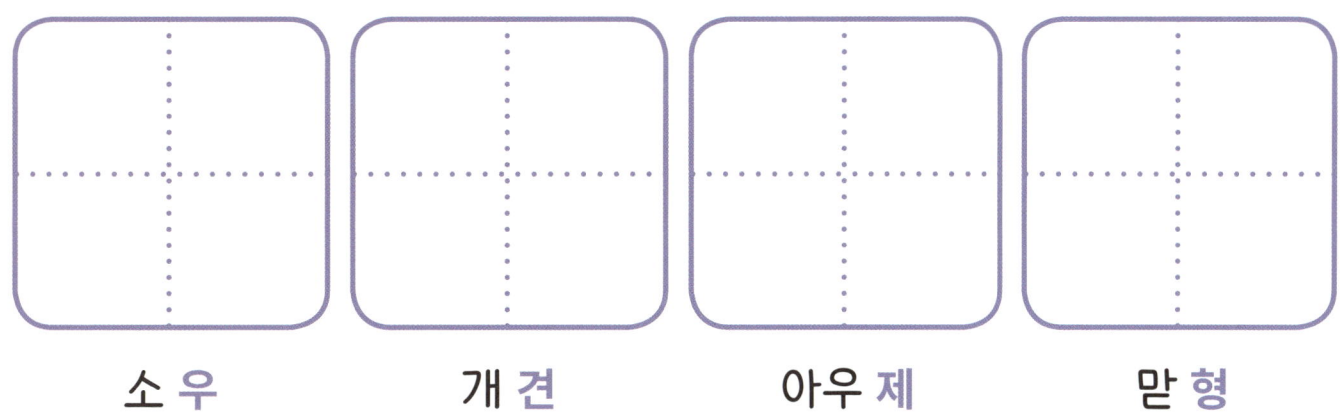

소 우   개 견   아우 제   맏 형

손가락으로 화살표를 따라 그려보고 연필로 써보세요.

양
양 양
sheep

羊

한자를 보고 천천히 따라 써보세요.

☁️ 단어를 큰소리로 읽고 그림 한자를 예쁘게 색칠해요.

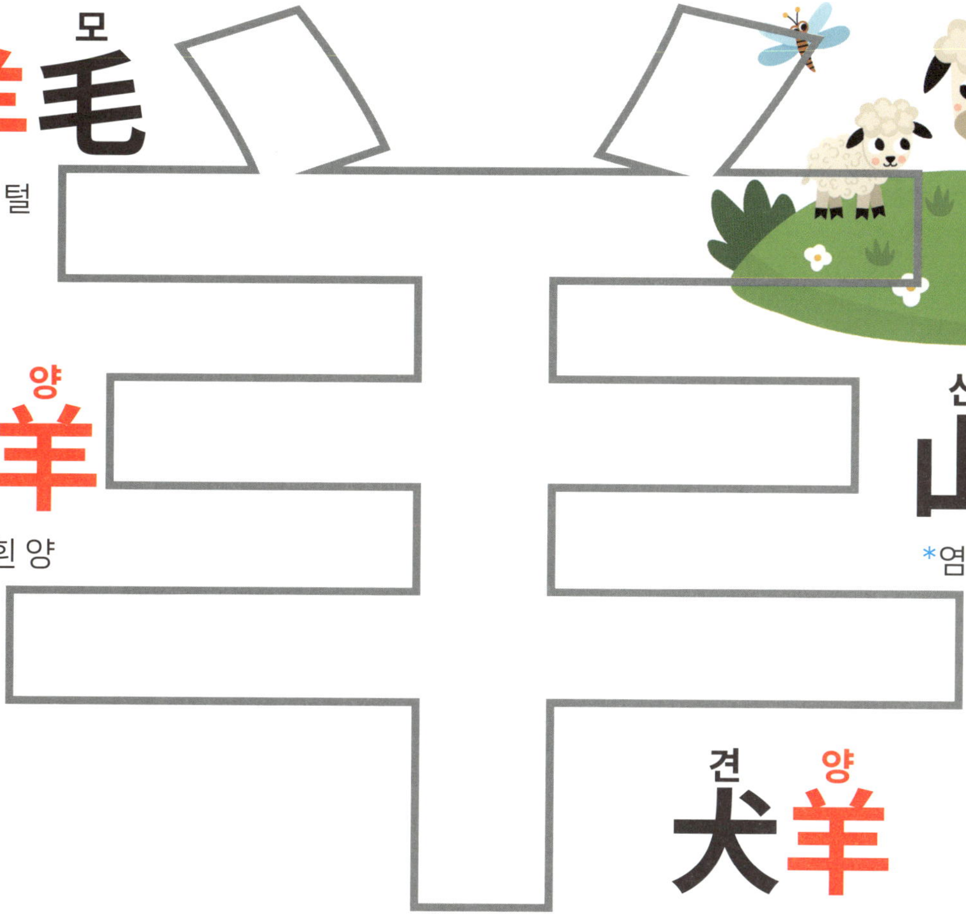

양
羊毛
*양의 털

백 양
白羊
*털빛이 흰 양

산 양
山羊
*염소

견 양
犬羊
*개와 양

🐱 한자를 보지 말고 또박또박 써보세요.

의

옷 의
clothes

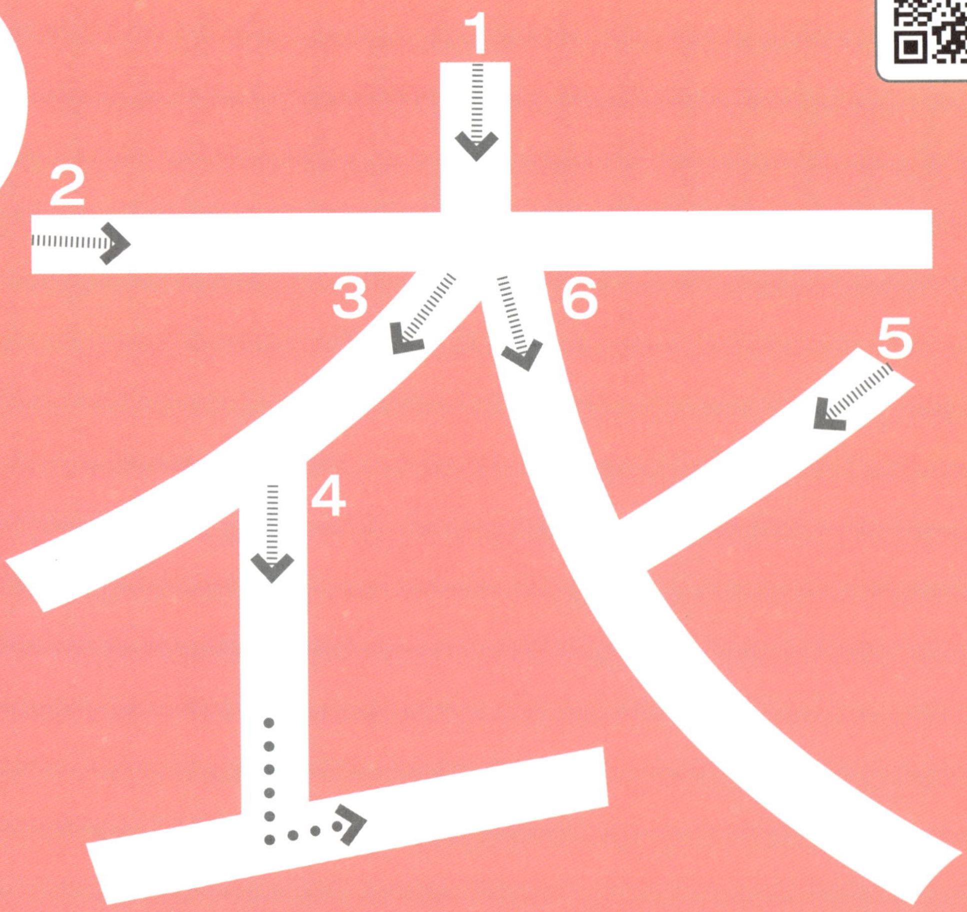

손가락으로 화살표를 따라 그려보고 연필로 써보세요.

한자를 보고 천천히 따라 써보세요.

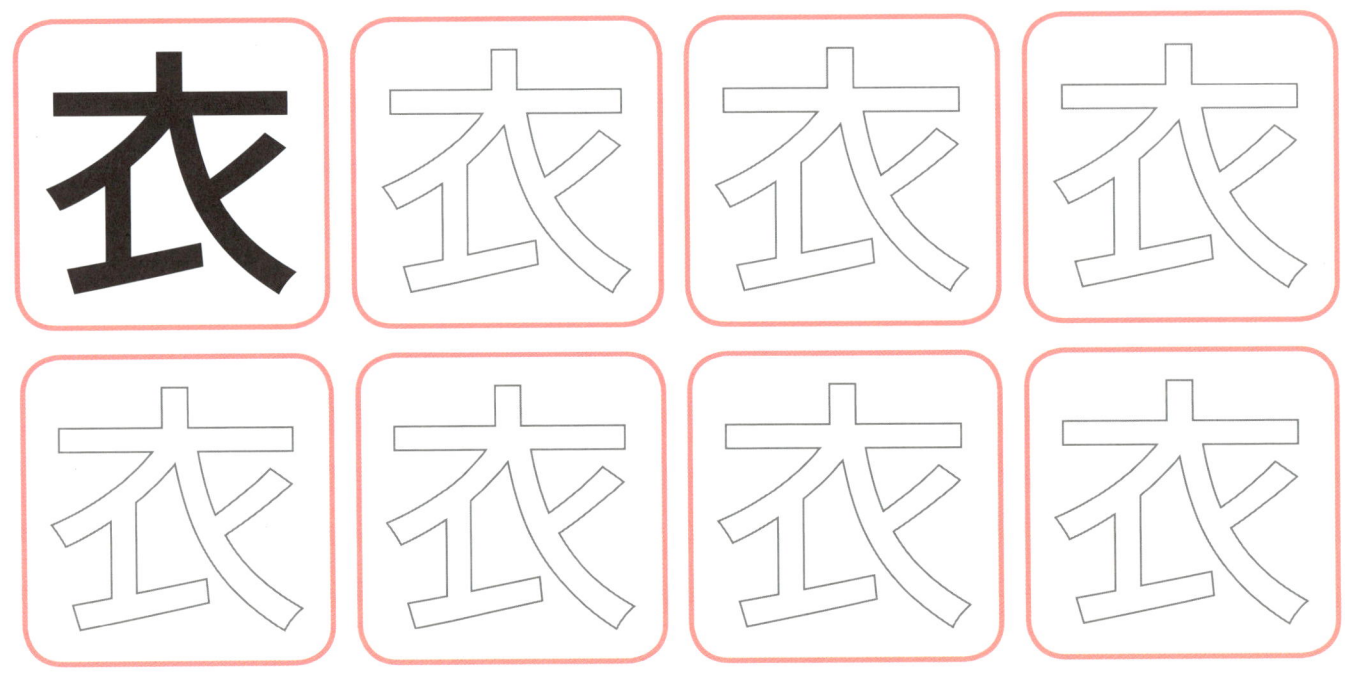

☁️ 단어를 큰소리로 읽고 그림 한자를 예쁘게 색칠해요.

의 복
衣服
*옷

탈 의
脫衣
*옷을 벗음

내 의
內衣
*속옷

하 의
下衣
*바지

🐱 한자를 보지 말고 또박또박 써보세요.

식

먹을 식
eat

손가락으로 화살표를 따라 그려보고 연필로 써보세요.

한자를 보고 천천히 따라 써보세요.

단어를 큰소리로 읽고 그림 한자를 예쁘게 색칠해요.

식당 食堂
*식사를 하는 집

외식 外食
*밖에서 식사하는 것

식사 食事
*밥을 먹는 일

식탁 食卓
*식사용 탁자

한자를 보지 말고 또박또박 써보세요.

손가락으로 화살표를 따라 그려보고 연필로 써보세요.

흰 백
white

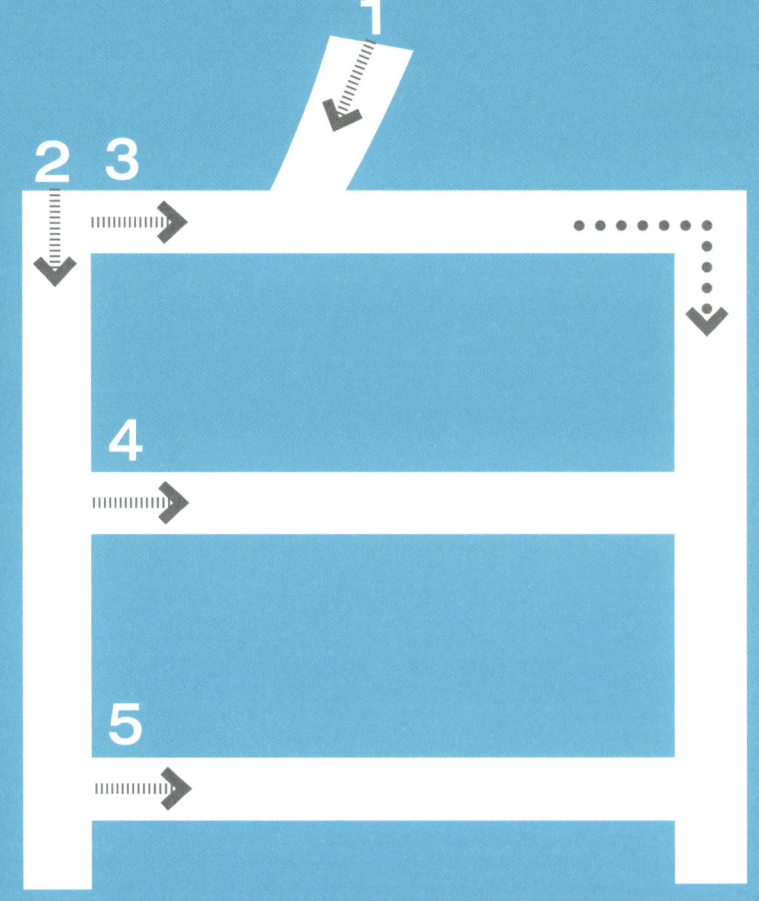

한자를 보고 천천히 따라 써보세요.

☁️ 단어를 큰소리로 읽고 그림 한자를 예쁘게 색칠해요.

백 지
白紙
*흰 종이

흑 백
黑白
*검은빛과 흰빛

백 색
白色
*흰색

백 기
白旗
*흰색 깃발

🐱 한자를 보지 말고 또박또박 써보세요.

적

붉을 적
red

손가락으로 화살표를 따라 그려보고 연필로 써보세요.

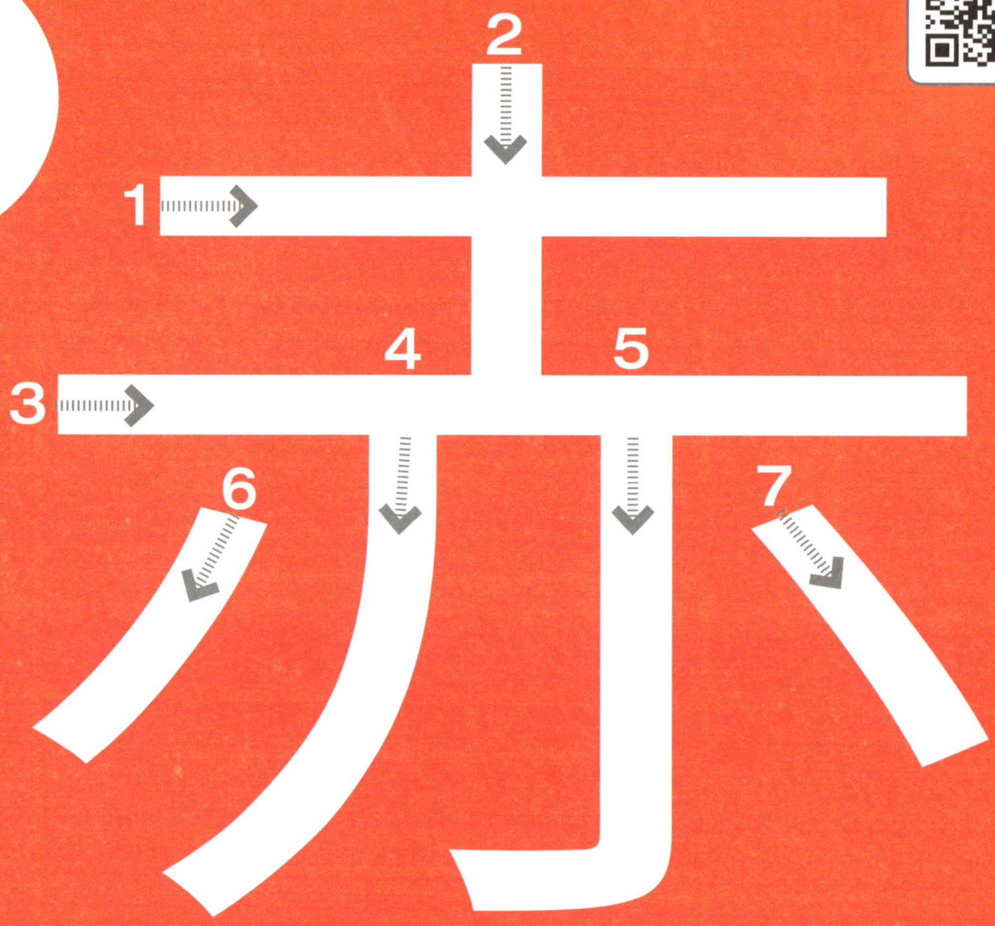

한자를 보고 천천히 따라 써보세요.

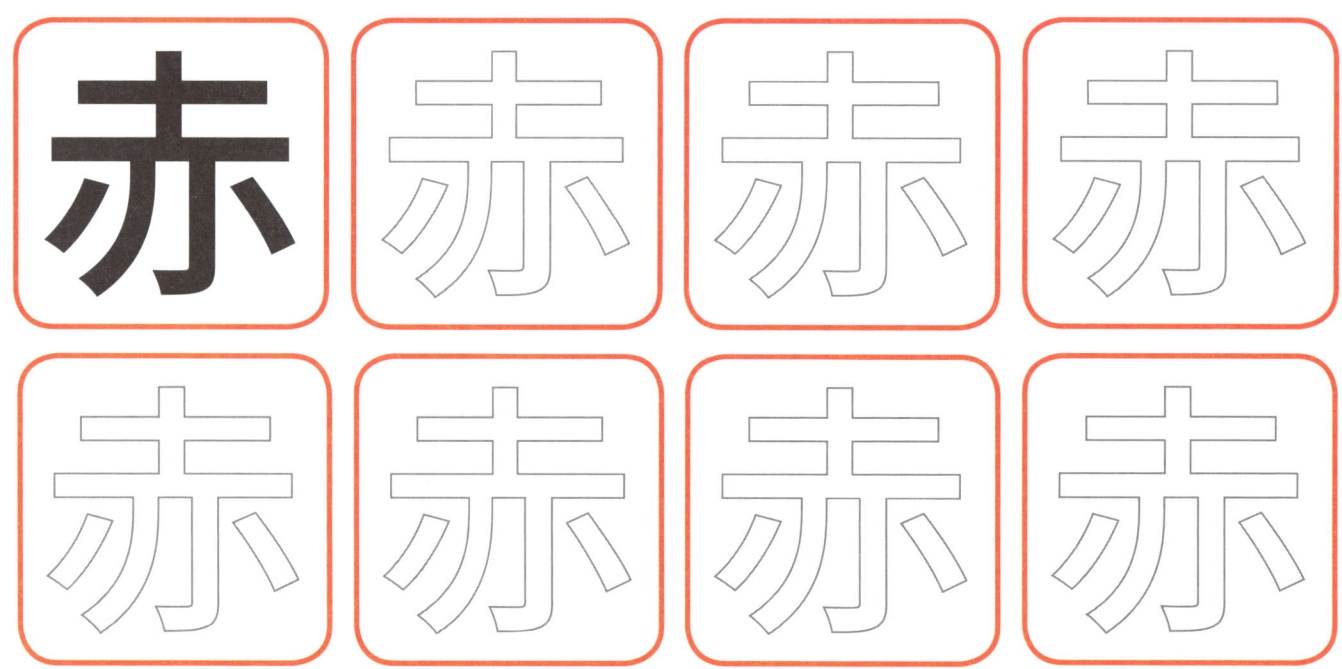

☁️ 단어를 큰소리로 읽고 그림 한자를 예쁘게 색칠해요.

적 색
赤色
*붉은 색

적 기
赤旗
*붉은 깃발

적 의
赤衣
*붉은 색의 옷

적 석
赤石
*붉은 돌

🐱 한자를 보지 말고 또박또박 써보세요.

다음 한자를 보고 알맞는 음(소리)을 선으로 연결해보세요.

赤　•　　　　•　식
白　•　　　　•　적
食　•　　　　•　백
衣　•　　　　•　양
羊　•　　　　•　의

다음 한자의 음훈(소리와 뜻)을 보고 알맞는 한자에 동그라미를 치세요

붉을 적　　　羊　衣　食　白　赤

양 양　　　　羊　衣　食　白　赤

먹을 식　　　羊　衣　食　白　赤

흰 백　　　　羊　衣　食　白　赤

옷 의　　　　羊　衣　食　白　赤

다음 밑줄 친 한자의 독음(읽는 소리)을 동그라미에 써넣으세요.

○ 羊모   ○ 赤기

○ 衣복   ○ 산羊

○ 食당   ○ 하衣

○ 白지   ○ 食사

○ 赤색   ○ 흑白

🐱 다음 음훈(소리와 뜻)에 알맞는 한자를 네모 칸에 써넣으세요.

먹을 식	옷 의	붉을 적	흰 백

청

푸를 청
blue

손가락으로 화살표를 따라 그려보고 연필로 써보세요.

한자를 보고 천천히 따라 써보세요.

🌥️ 단어를 큰소리로 읽고 그림 한자를 예쁘게 색칠해요.

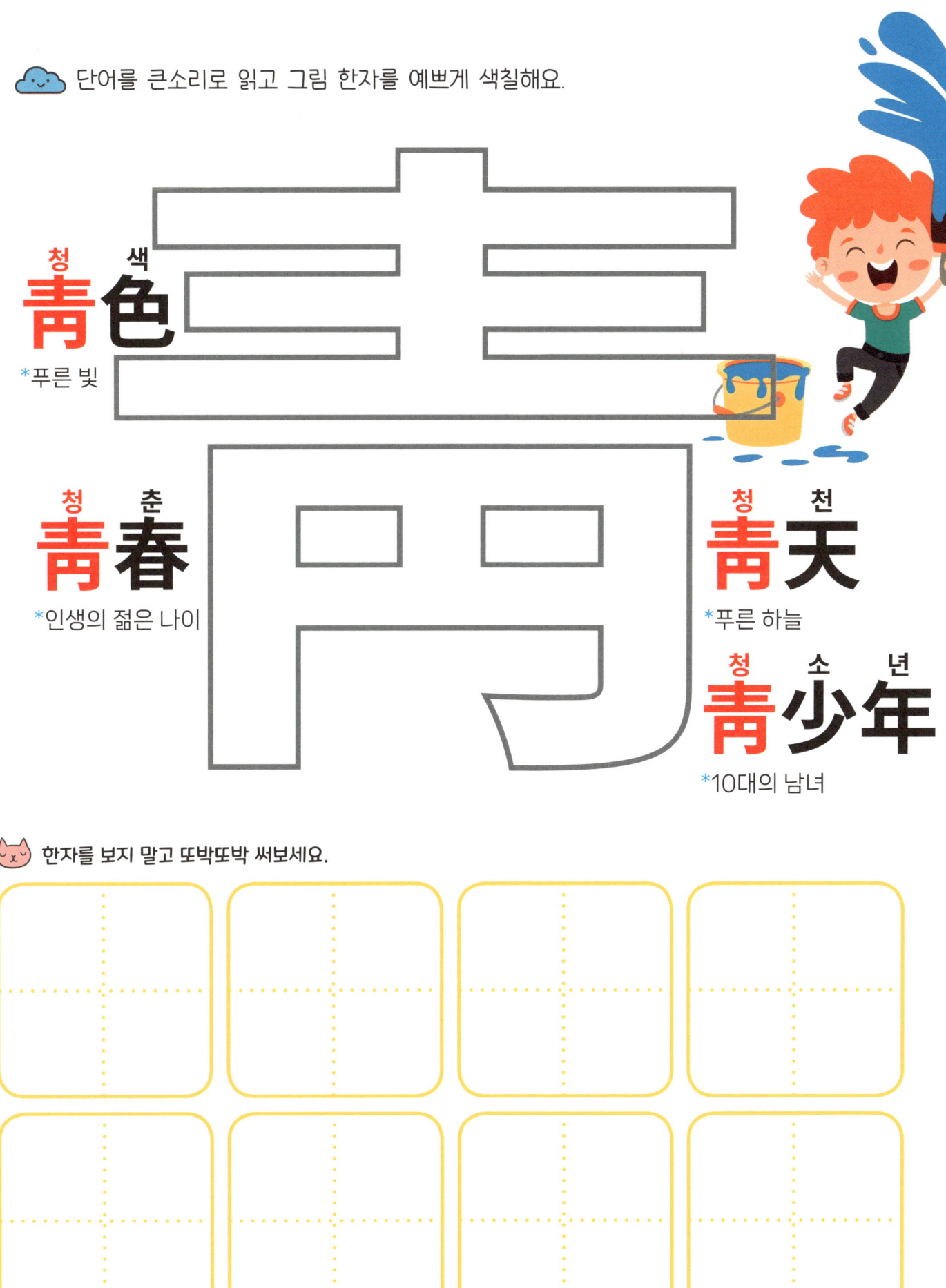

청색
青色
*푸른 빛

청춘
青春
*인생의 젊은 나이

청천
青天
*푸른 하늘

청소년
青少年
*10대의 남녀

🐱 한자를 보지 말고 또박또박 써보세요.

☀️ 손가락으로 화살표를 따라 그려보고 연필로 써보세요.

두
콩 두
bean

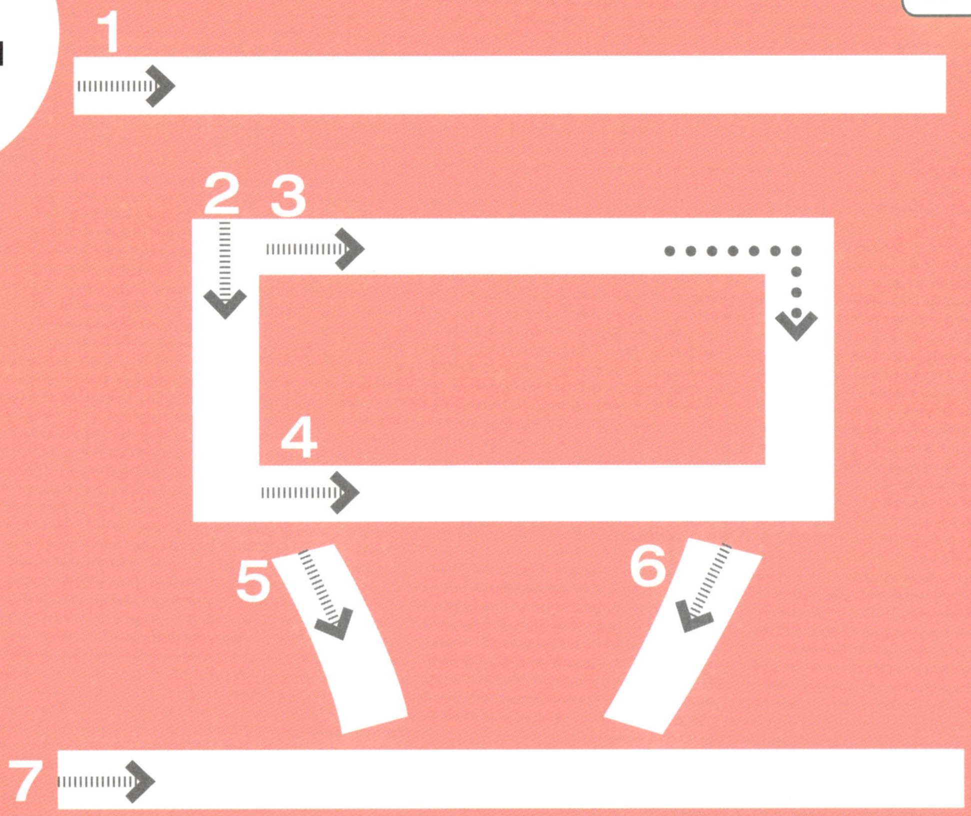

🐱 한자를 보고 천천히 따라 써보세요.

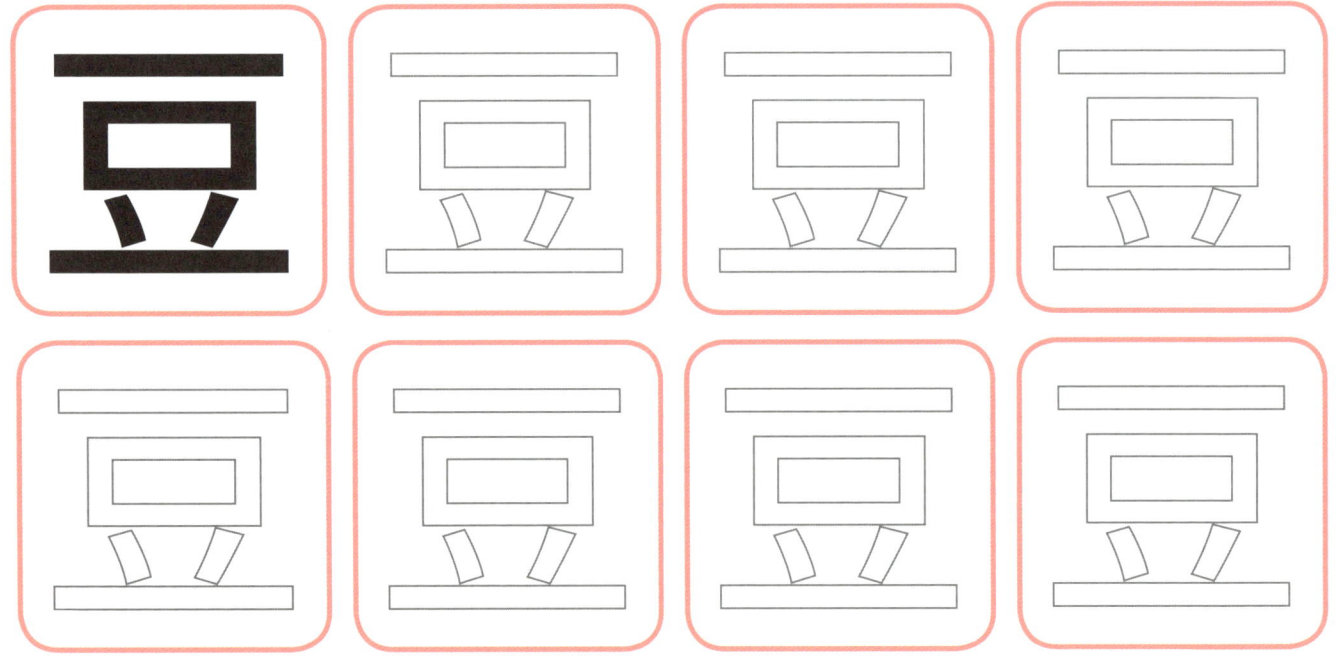

단어를 큰소리로 읽고 그림 한자를 예쁘게 색칠해요.

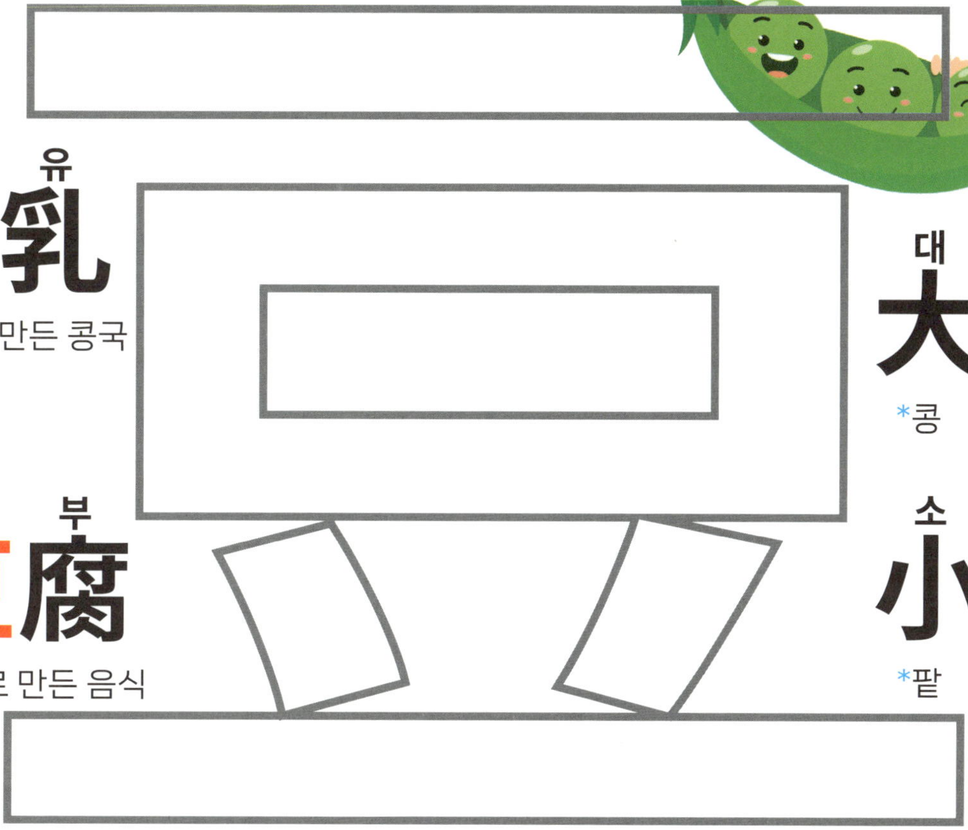

두 유
豆乳
*진하게 만든 콩국

대 두
大豆
*콩

두 부
豆腐
*콩으로 만든 음식

소 두
小豆
*팥

한자를 보지 말고 또박또박 써보세요.

옥

구슬 옥
jade

손가락으로 화살표를 따라 그려보고 연필로 써보세요.

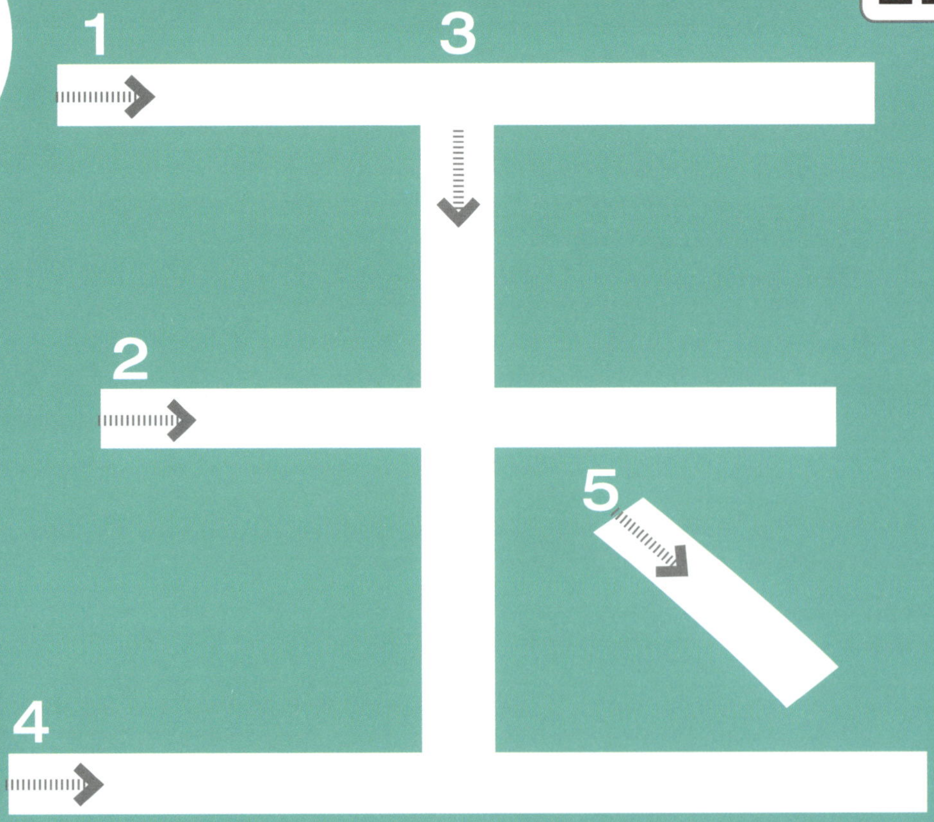

한자를 보고 천천히 따라 써보세요.

단어를 큰소리로 읽고 그림 한자를 예쁘게 색칠해요.

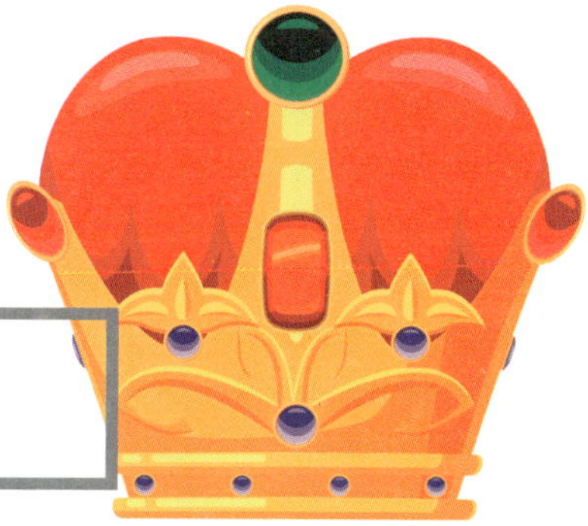

옥석 玉石
*옥과 돌

홍옥 紅玉
*붉은 색의 옥

백옥 白玉
*흰 옥

주옥 珠玉
*구슬과 옥

한자를 보지 말고 또박또박 써보세요.

석

돌 석
stone

손가락으로 화살표를 따라 그려보고 연필로 써보세요.

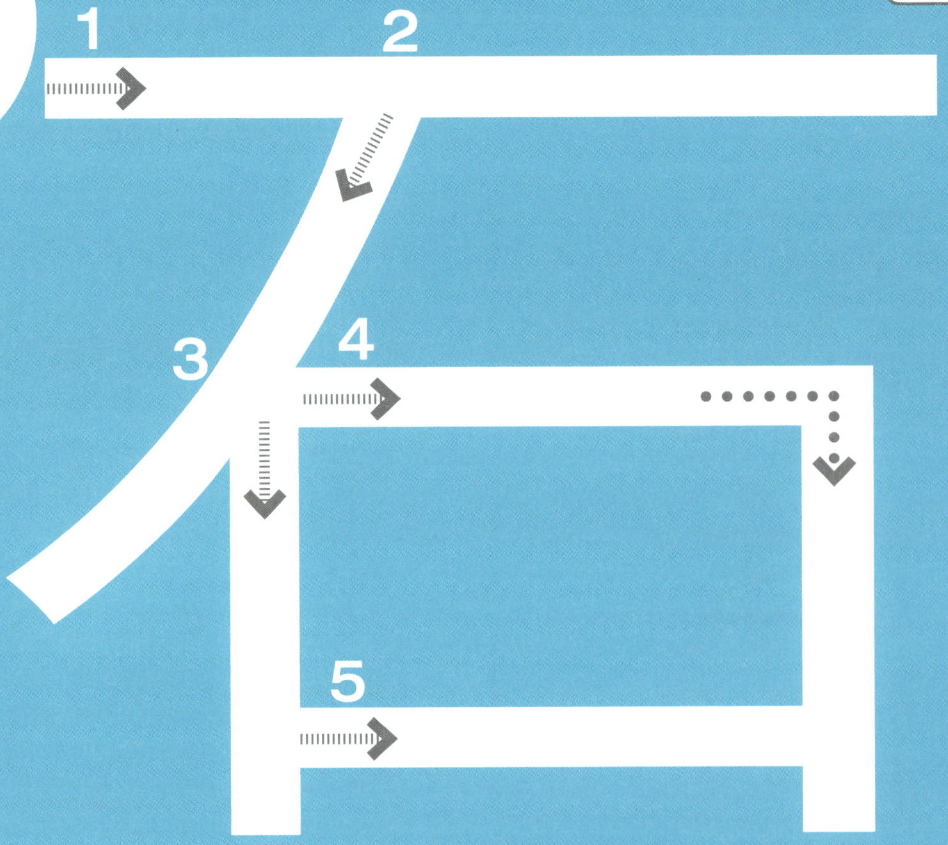

한자를 보고 천천히 따라 써보세요.

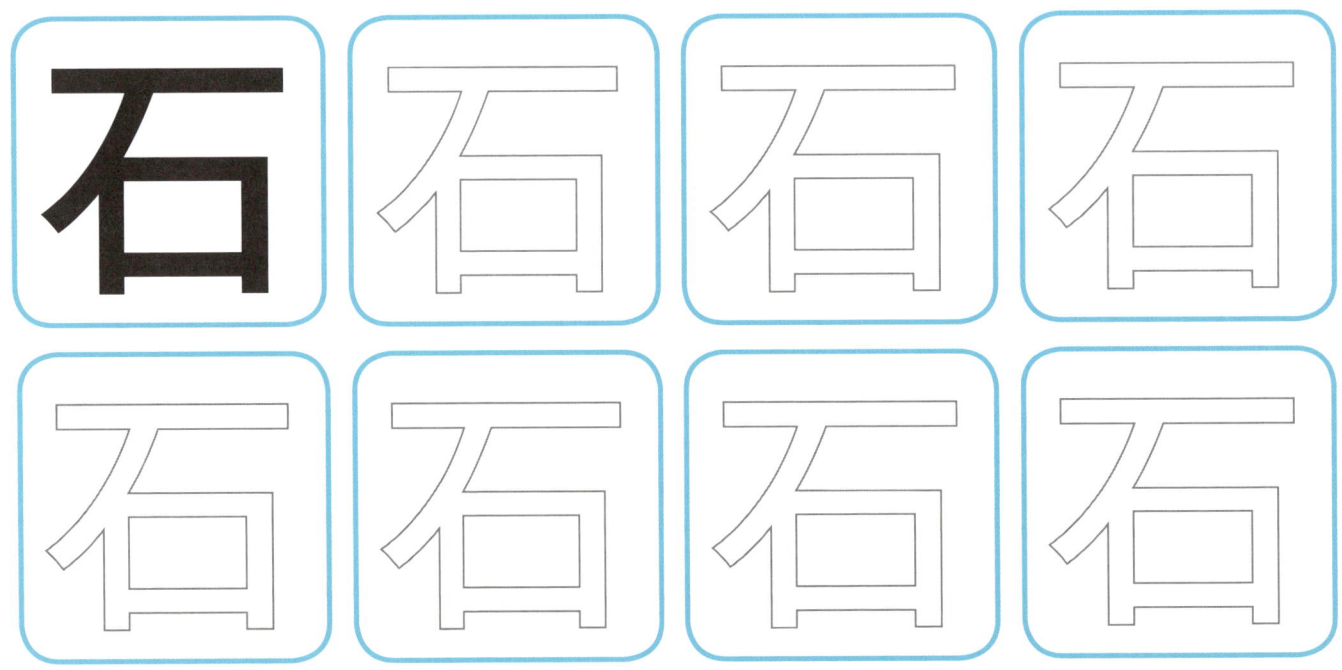

단어를 큰소리로 읽고 그림 한자를 예쁘게 색칠해요

화 석
化石
*바위 속에 남아 있는 생물

투 석
投石
*돌을 던짐

석 산
石山
*돌로 이루어진 산

백 석
白石
*흰 돌

한자를 보지 말고 또박또박 써보세요.

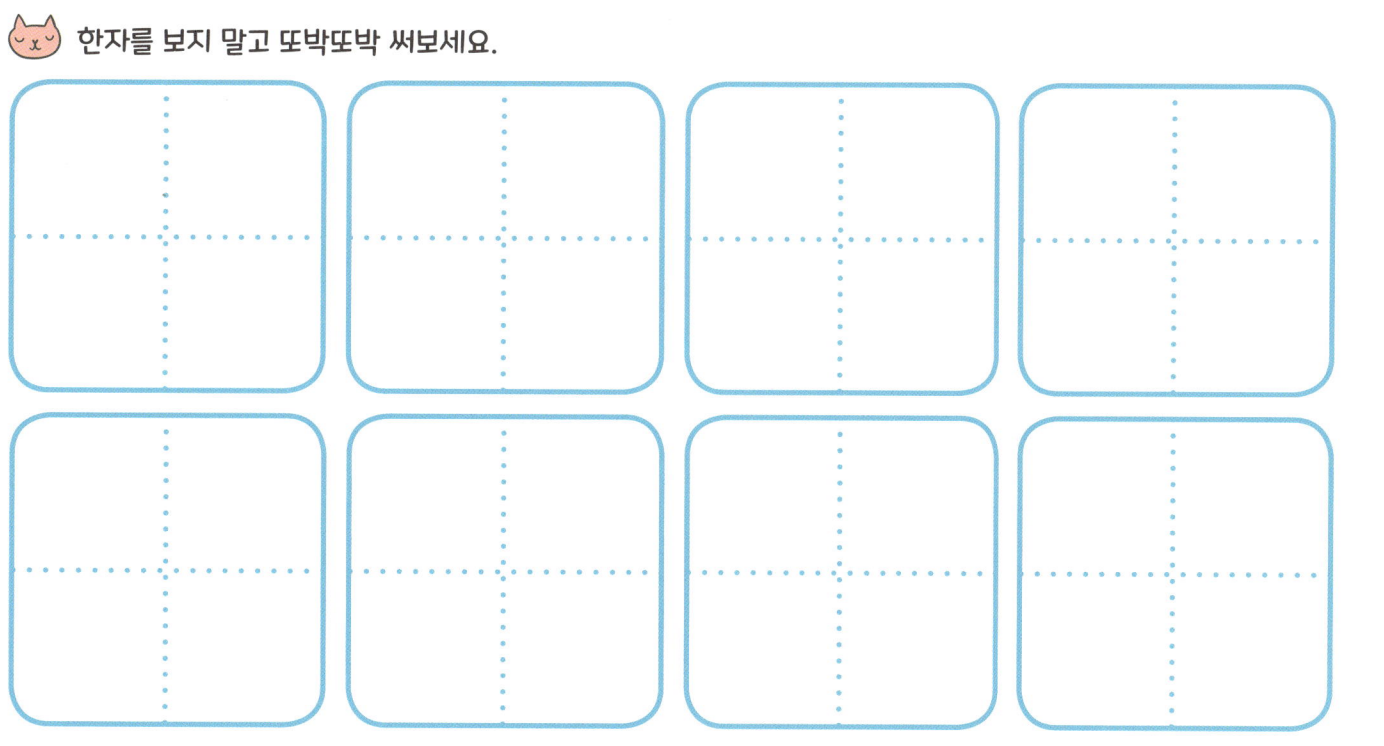

손가락으로 화살표를 따라 그려보고 연필로 써보세요.

감
달 감
sweet

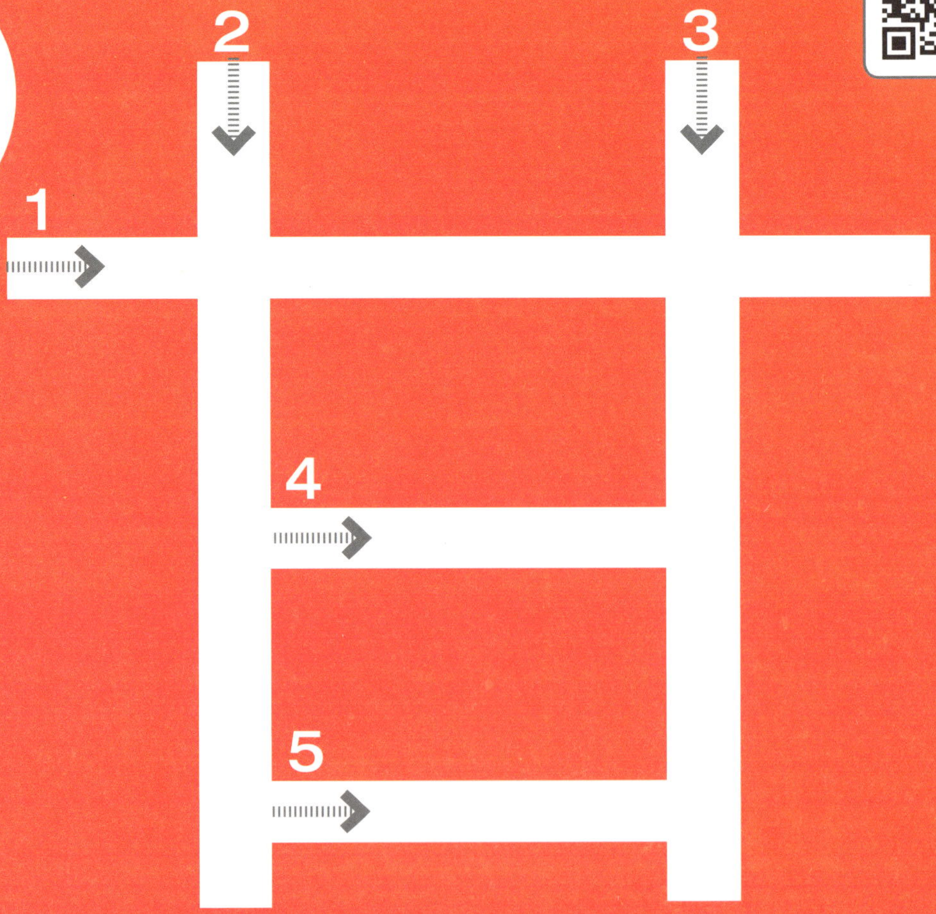

한자를 보고 천천히 따라 써보세요.

단어를 큰소리로 읽고 그림 한자를 예쁘게 색칠해요.

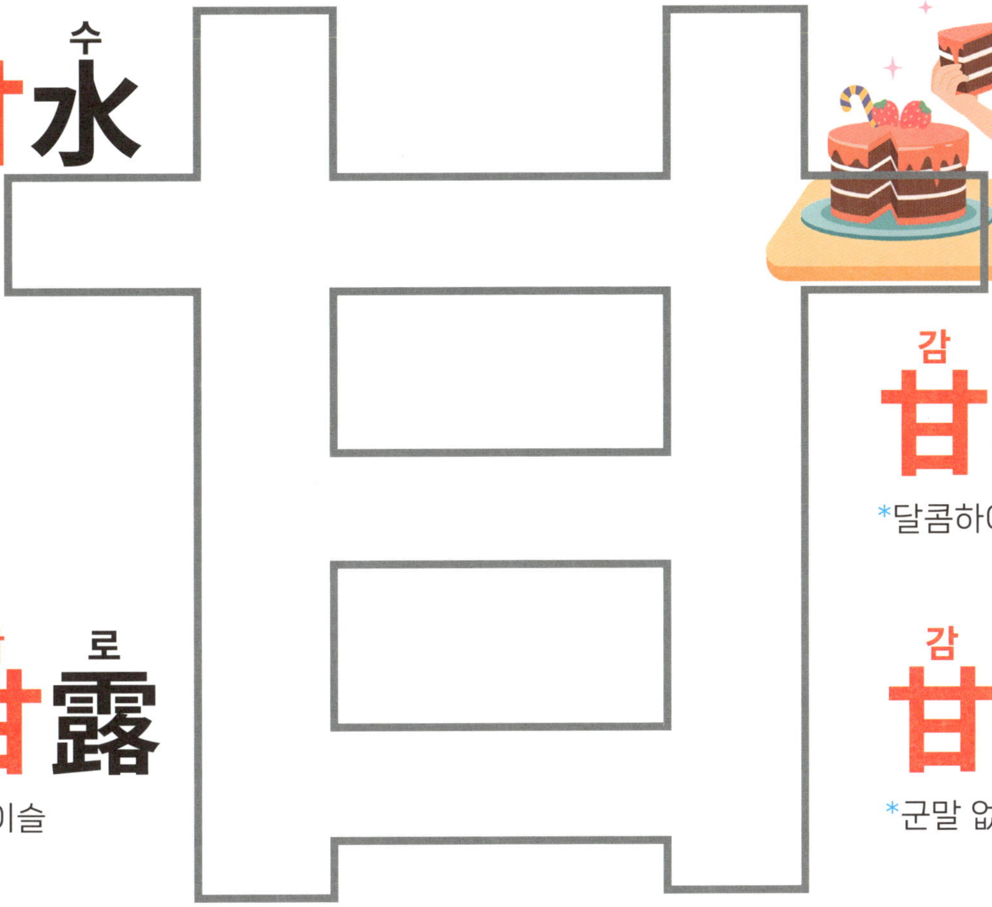

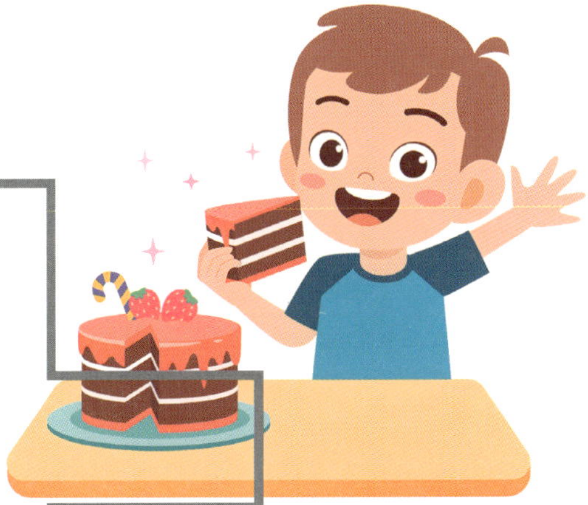

甘水
*단물

甘美
*달콤하여 맛이 좋음

甘露
*단 이슬

甘受
*군말 없이 달게 받음

한자를 보지 말고 또박또박 써보세요.

다음 한자를 보고 알맞는 음(소리)을 선으로 연결해보세요.

甘 •　　　　　• 옥
石 •　　　　　• 석
玉 •　　　　　• 감
豆 •　　　　　• 청
靑 •　　　　　• 두

🍦 다음 한자의 음훈(소리와 뜻)을 보고 알맞는 한자에 동그라미를 치세요

달 감　　靑　豆　玉　石　甘

콩 두　　靑　豆　玉　石　甘

푸를 청　靑　豆　玉　石　甘

구슬 옥　靑　豆　玉　石　甘

돌 석　　靑　豆　玉　石　甘

다음 밑줄 친 한자의 독음(읽는 소리)을 동그라미에 써넣으세요.

○ 靑색   ○ 甘로

○ 豆유   ○ 靑소년

○ 玉석   ○ 豆부

○ 화石   ○ 홍玉

○ 甘미   ○ 투石

다음 음훈(소리와 뜻)에 알맞는 한자를 네모 칸에 써넣으세요.

콩 두   푸를 청   돌 석   구슬 옥

☀️ 손가락으로 화살표를 따라 그려보고 연필로 써보세요.

우
비 우
rain

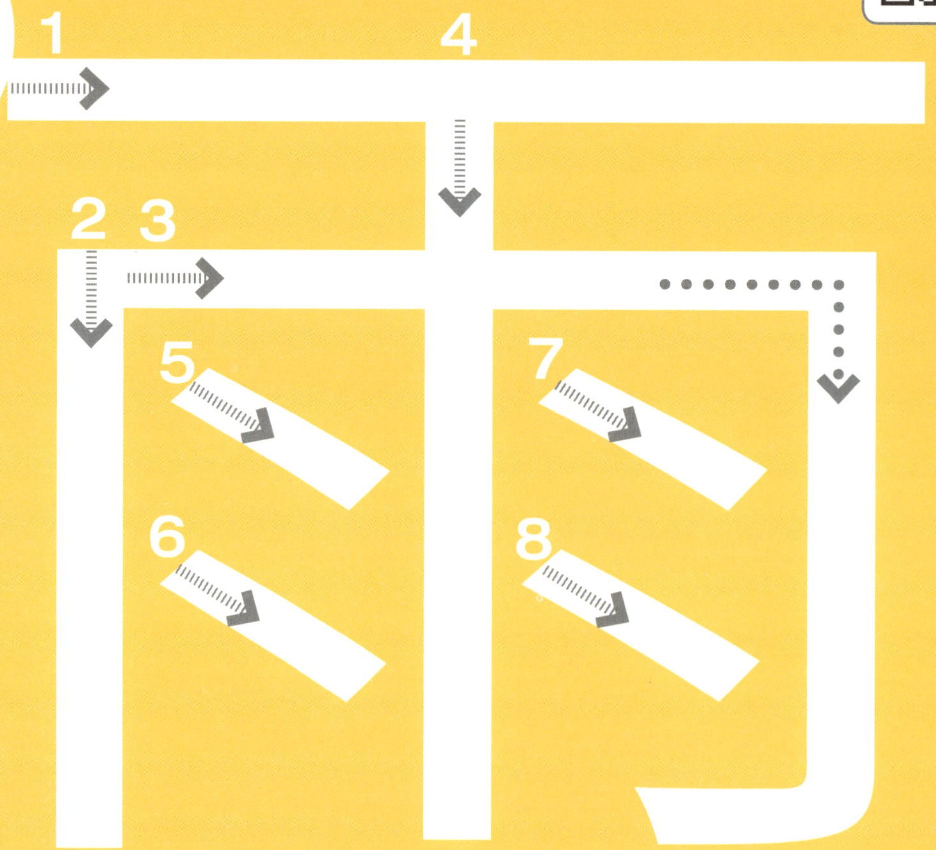

🐱 한자를 보고 천천히 따라 써보세요.

☁️ 단어를 큰소리로 읽고 그림 한자를 예쁘게 색칠해요.

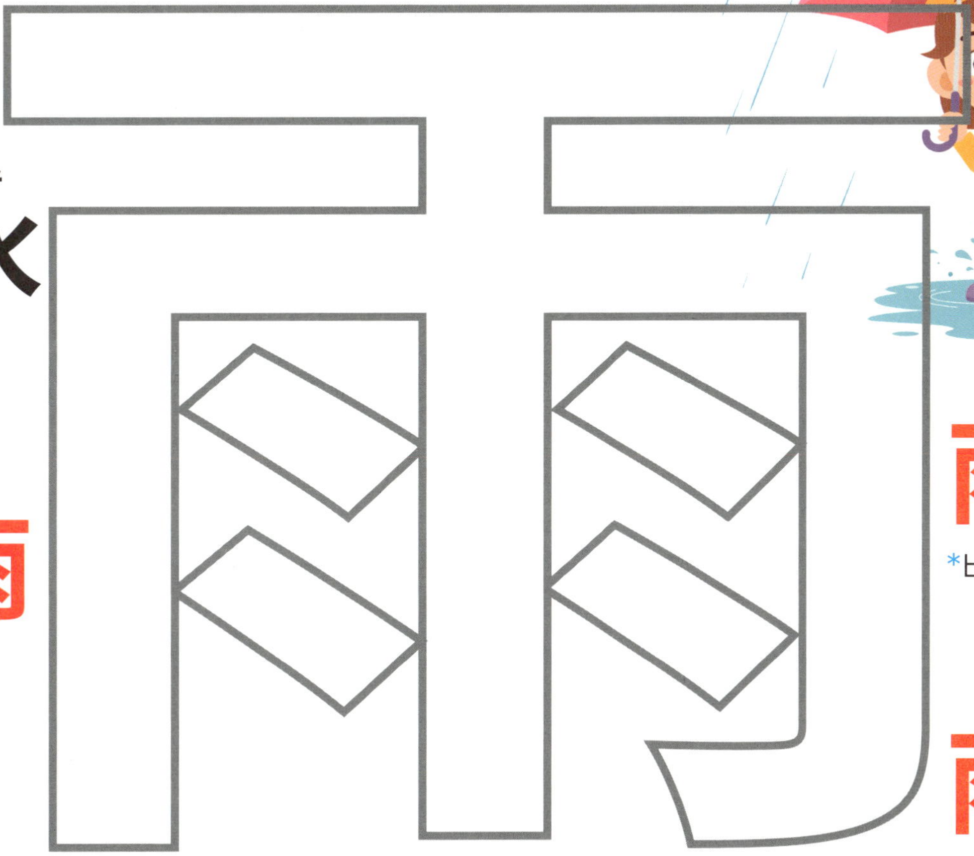

우 수
雨水
*빗물

강 우
降雨
*비가 내림

우 천
雨天
*비가 오는 날

우 의
雨衣
*비옷

🐱 한자를 보지 말고 또박또박 써보세요.

☀️ 손가락으로 화살표를 따라 그려보고 연필로 써보세요.

미
쌀 미
rice

🐱 한자를 보고 천천히 따라 써보세요.

☁️ 단어를 큰소리로 읽고 그림 한자를 예쁘게 색칠해요.

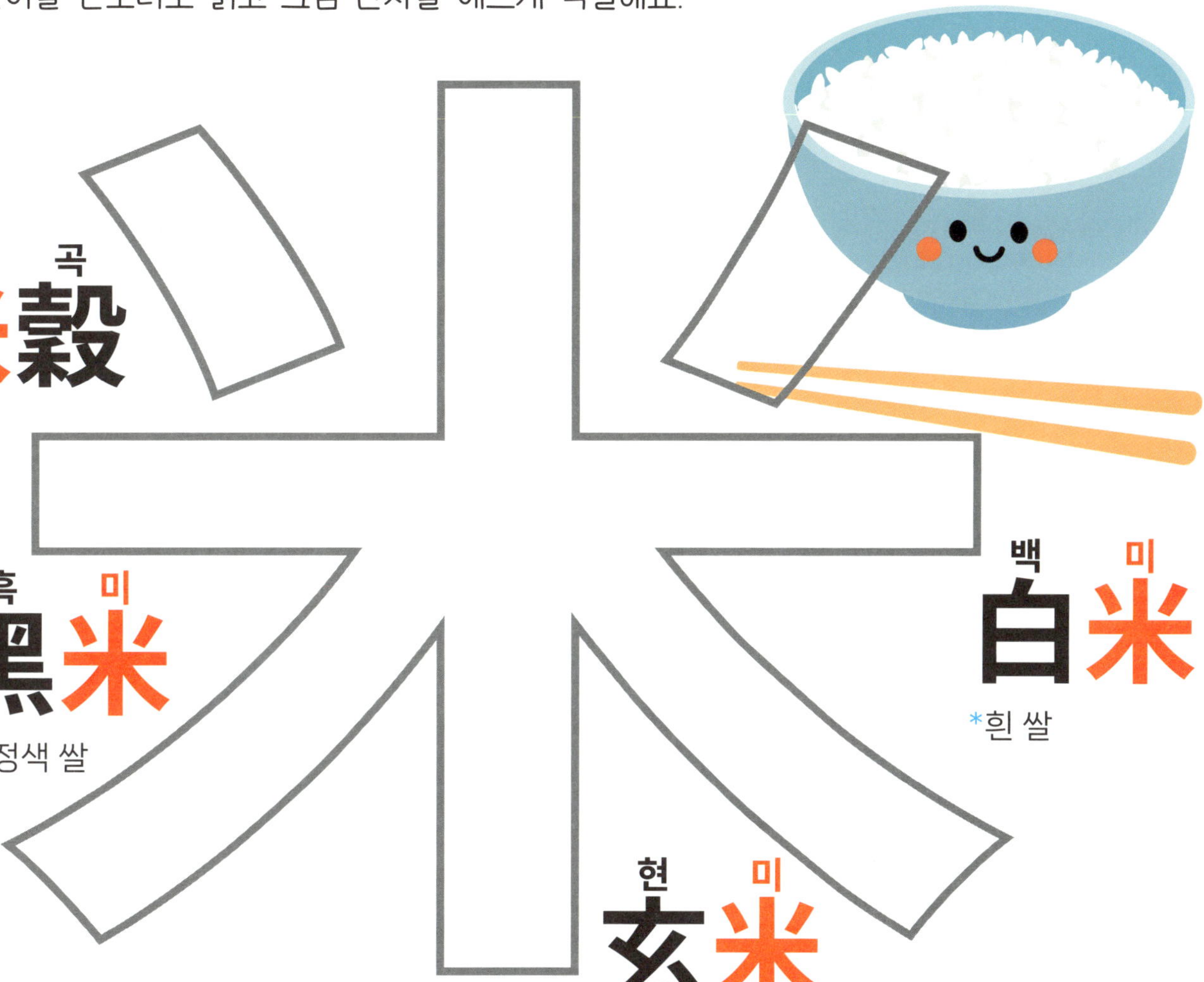

미 곡
米穀
*쌀

흑 미
黑米
*검정색 쌀

백 미
白米
*흰 쌀

현 미
玄米
*속겨는 벗기지 않은 쌀

🐱 한자를 보지 말고 또박또박 써보세요.

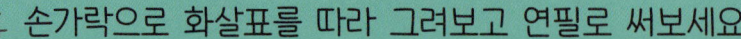 손가락으로 화살표를 따라 그려보고 연필로 써보세요.

쓸 용
use

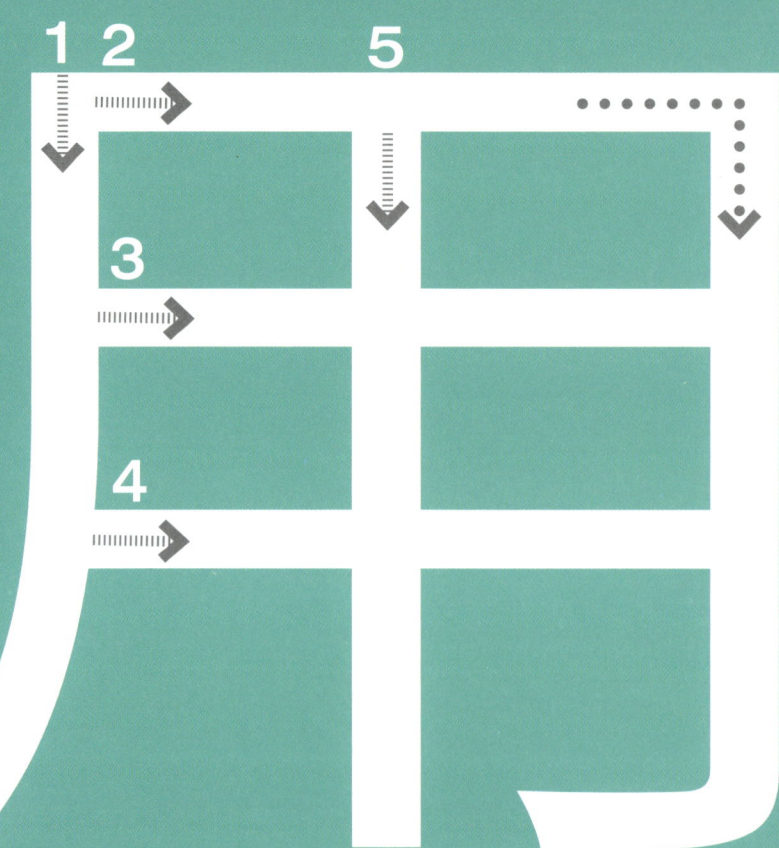

🐱 한자를 보고 천천히 따라 써보세요.

단어를 큰소리로 읽고 그림 한자를 예쁘게 색칠해요.

이 용
利用
*이롭게 씀

공 용
共用
*공동으로 씀

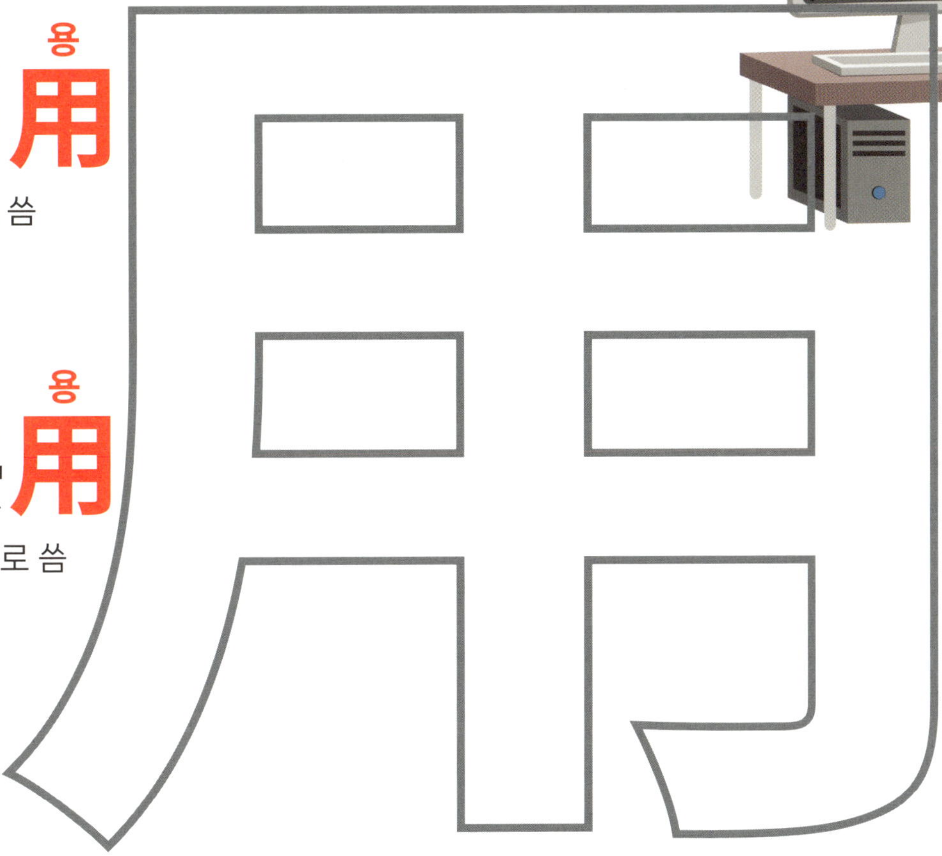

사 용
使用
*물건을 씀

식 용
食用
*먹을 것에 씀

한자를 보지 말고 또박또박 써보세요.

☀️ 손가락으로 화살표를 따라 그려보고 연필로 써보세요.

고

높을 고
hight

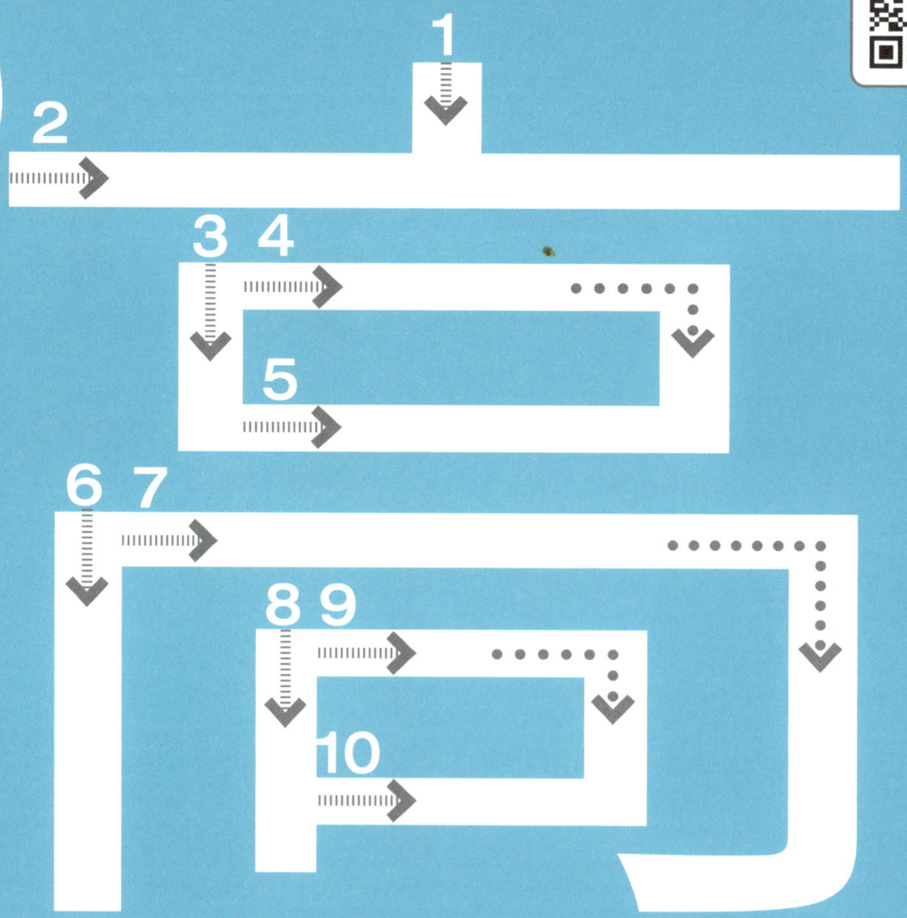

🐱 한자를 보고 천천히 따라 써보세요.

☁️ 단어를 큰소리로 읽고 그림 한자를 예쁘게 색칠해요.

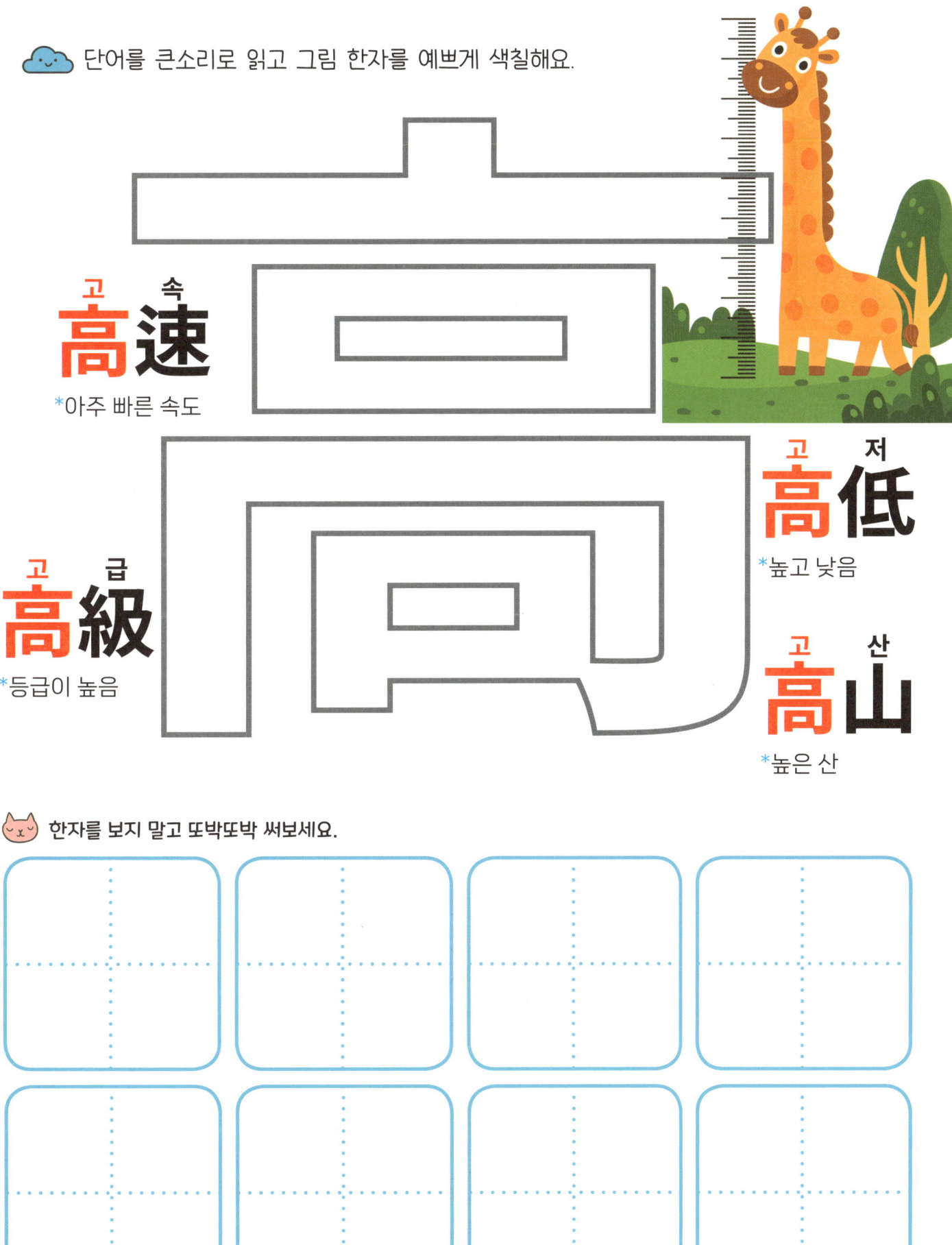

고 속
高速
*아주 빠른 속도

고 급
高級
*등급이 높음

고 저
高低
*높고 낮음

고 산
高山
*높은 산

🐱 한자를 보지 말고 또박또박 써보세요.

장

길 장
long

손가락으로 화살표를 따라 그려보고 연필로 써보세요.

한자를 보고 천천히 따라 써보세요.

☁️ 단어를 큰소리로 읽고 그림 한자를 예쁘게 색칠해요.

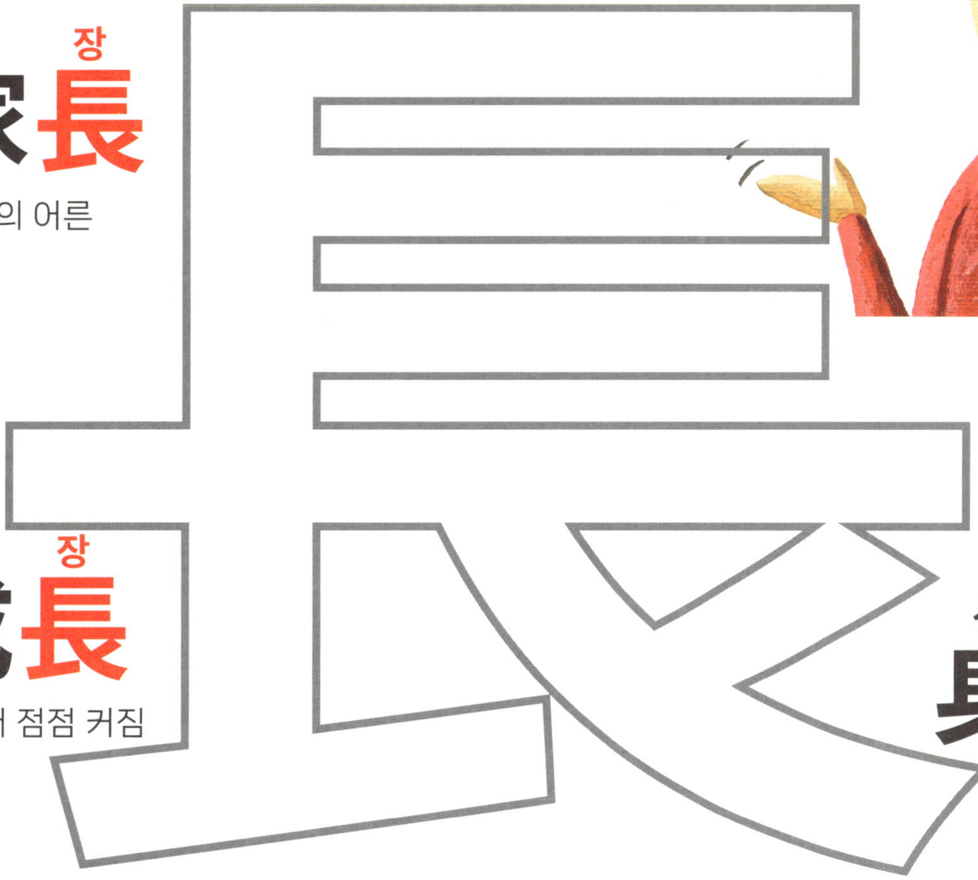

가 장
家 長
*집안의 어른

장 단
長 短
*긴 것과 짧은 것

성 장
成 長
*자라서 점점 커짐

신 장
身 長
*키

🐱 한자를 보지 말고 또박또박 써보세요.

다음 한자를 보고 알맞는 음(소리)을 선으로 연결해보세요.

長 •   • 우
高 •   • 미
用 •   • 장
米 •   • 용
雨 •   • 고

🍦 다음 한자의 음훈(소리와 뜻)을 보고 알맞는 한자에 동그라미를 치세요

쓸 용   雨 米 用 高 長

쌀 미   雨 米 用 高 長

길 장   雨 米 用 高 長

비 우   雨 米 用 高 長

높을 고   雨 米 用 高 長

다음 밑줄 친 한자의 독음(읽는 소리)을 동그라미에 써넣으세요.

○ 雨천   ○ 長단

○ 백米   ○ 雨의

○ 이用   ○ 현米

○ 高속   ○ 사用

○ 성長   ○ 高저

🐱 다음 음훈(소리와 뜻)에 알맞은 한자를 네모 칸에 써넣으세요.

쌀 미   비 우   길 장   높을 고

광

빛 광
light

손가락으로 화살표를 따라 그려보고 연필로 써보세요.

한자를 보고 천천히 따라 써보세요.

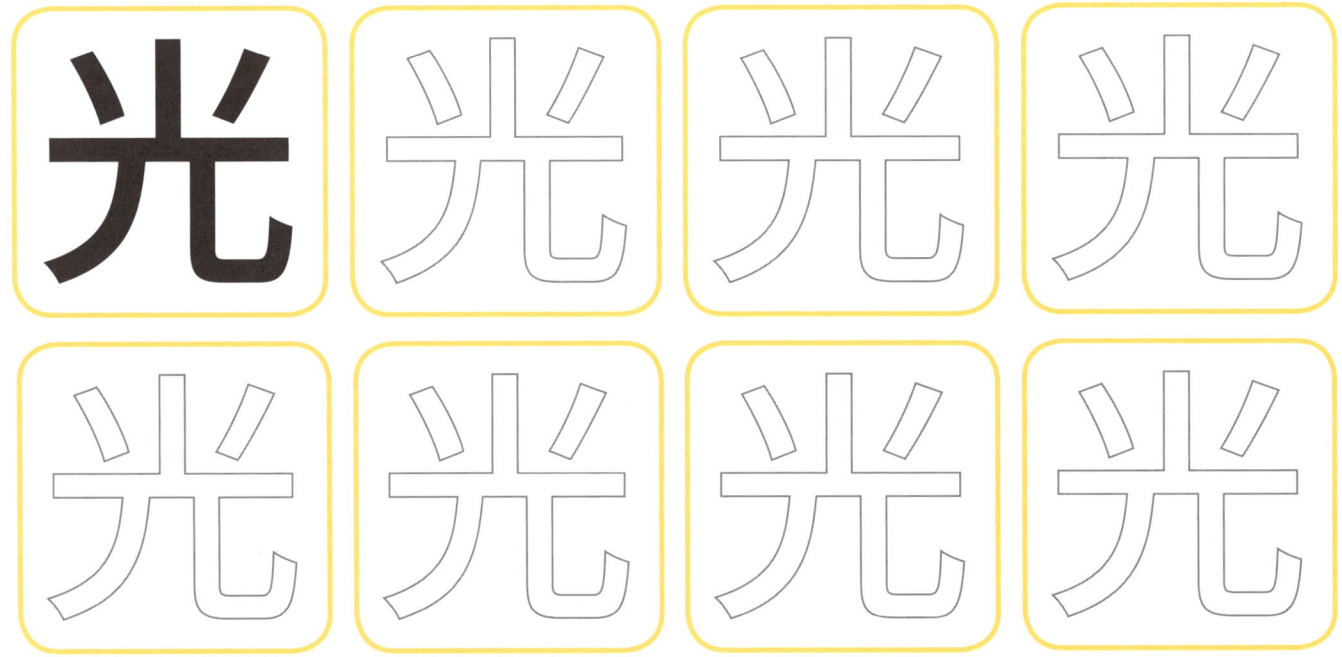

☁️ 단어를 큰소리로 읽고 그림 한자를 예쁘게 색칠해요.

光明 (광명)
*밝은 빛

無光 (무광)
*빛이 없음

日光 (일광)
*햇빛

夜光 (야광)
*밤에 나는 빛

light

🐱 한자를 보지 말고 또박또박 써보세요.

🌅 손가락으로 화살표를 따라 그려보고 연필로 써보세요.

음
소리 음
sound

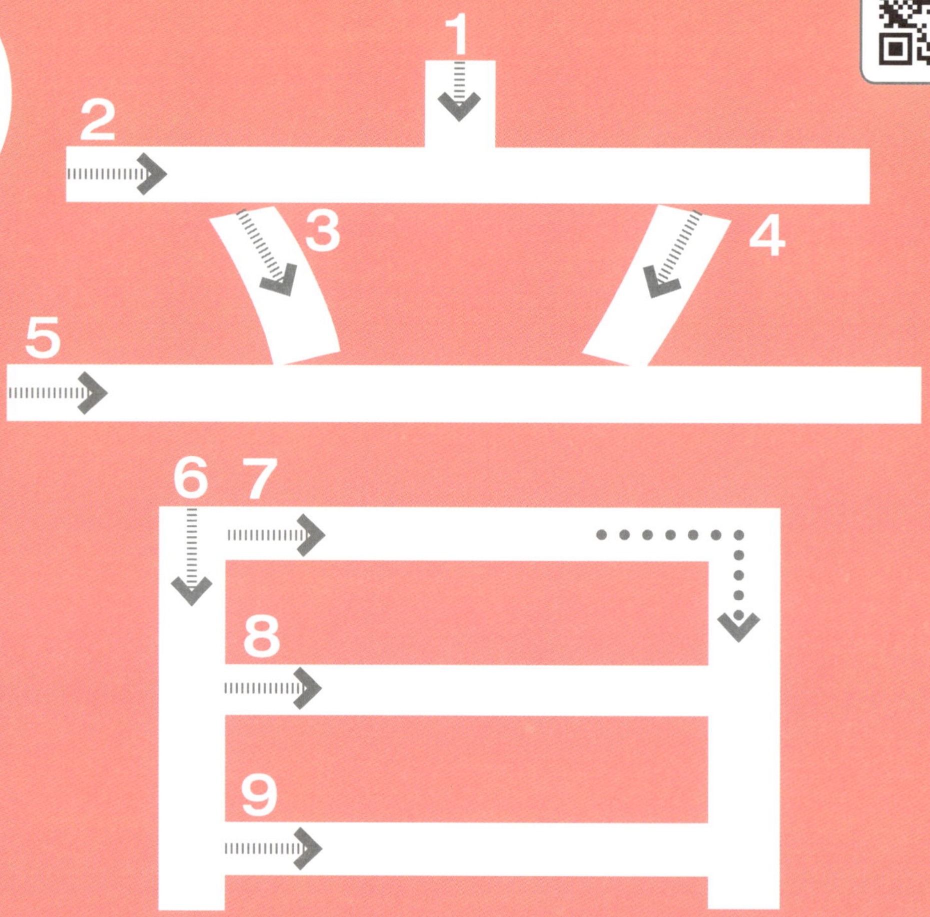

🐱 한자를 보고 천천히 따라 써보세요.

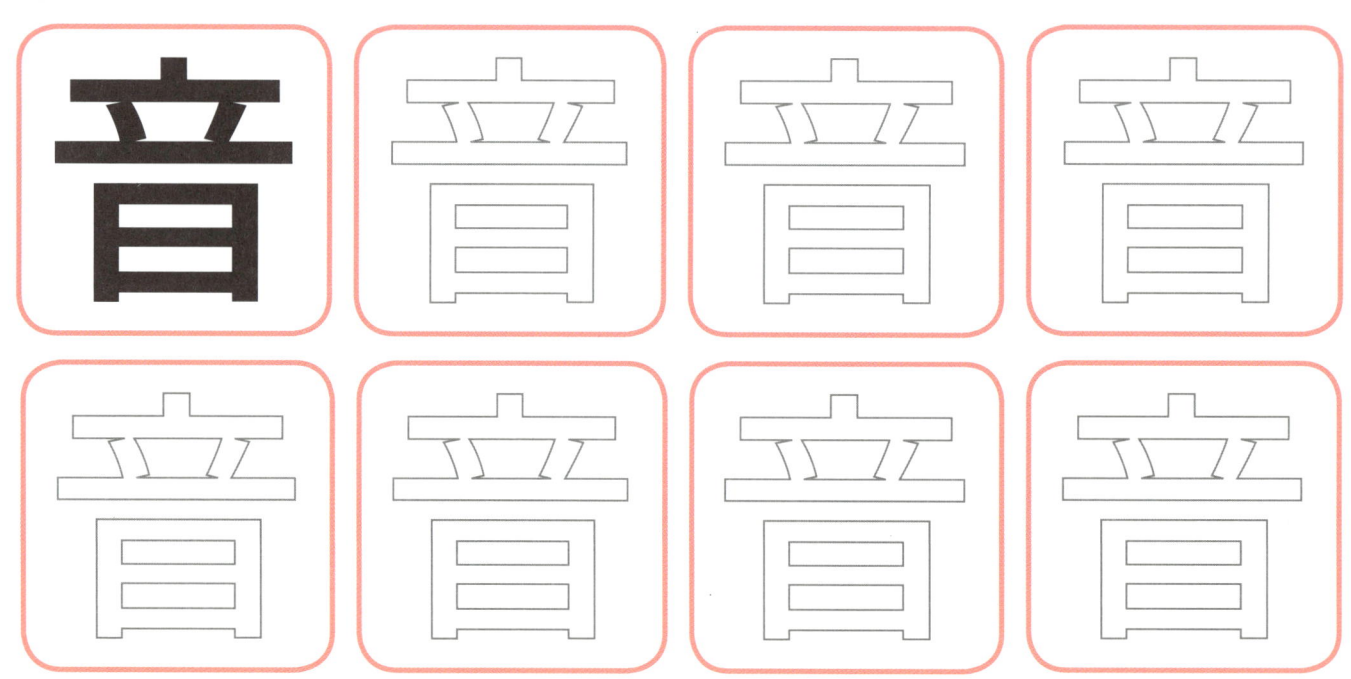

단어를 큰소리로 읽고 그림 한자를 예쁘게 색칠해요.

발 음
發 音
*말의 소리를 냄

비 음
鼻 音
*코로 내는 소리

음 성
音 聲
*목소리

음 훈
音 訓
*한자의 소리와 뜻

한자를 보지 말고 또박또박 써보세요.

백

일백 백
hundred

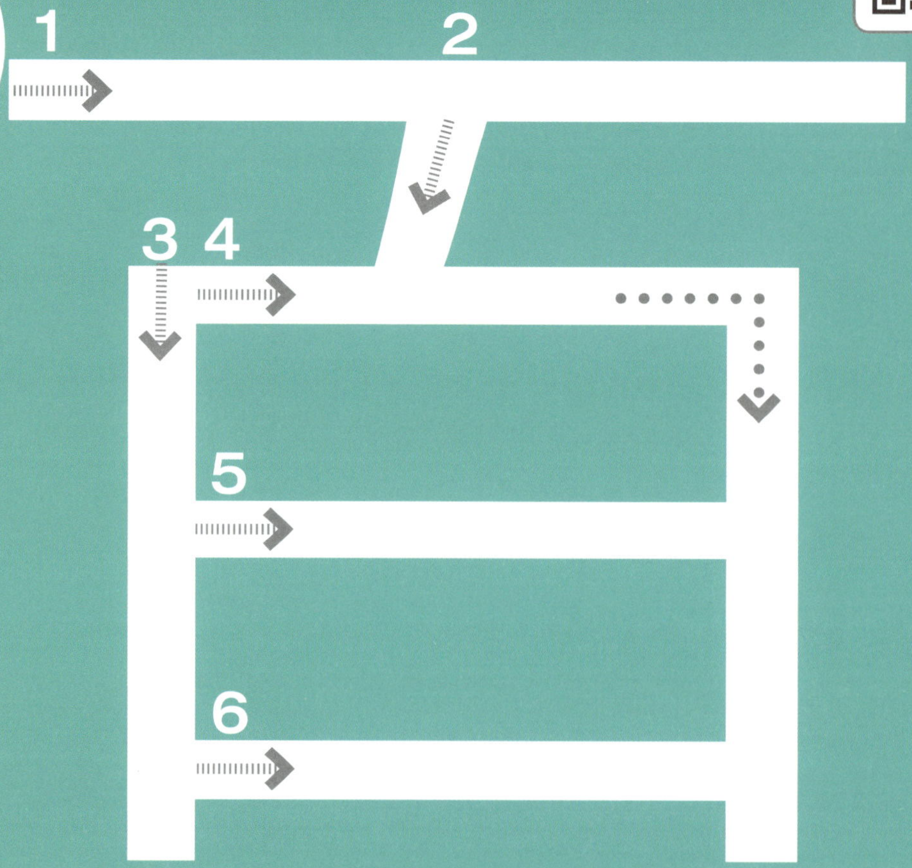

손가락으로 화살표를 따라 그려보고 연필로 써보세요.

한자를 보고 천천히 따라 써보세요.

☁️ 단어를 큰소리로 읽고 그림 한자를 예쁘게 색칠해요.

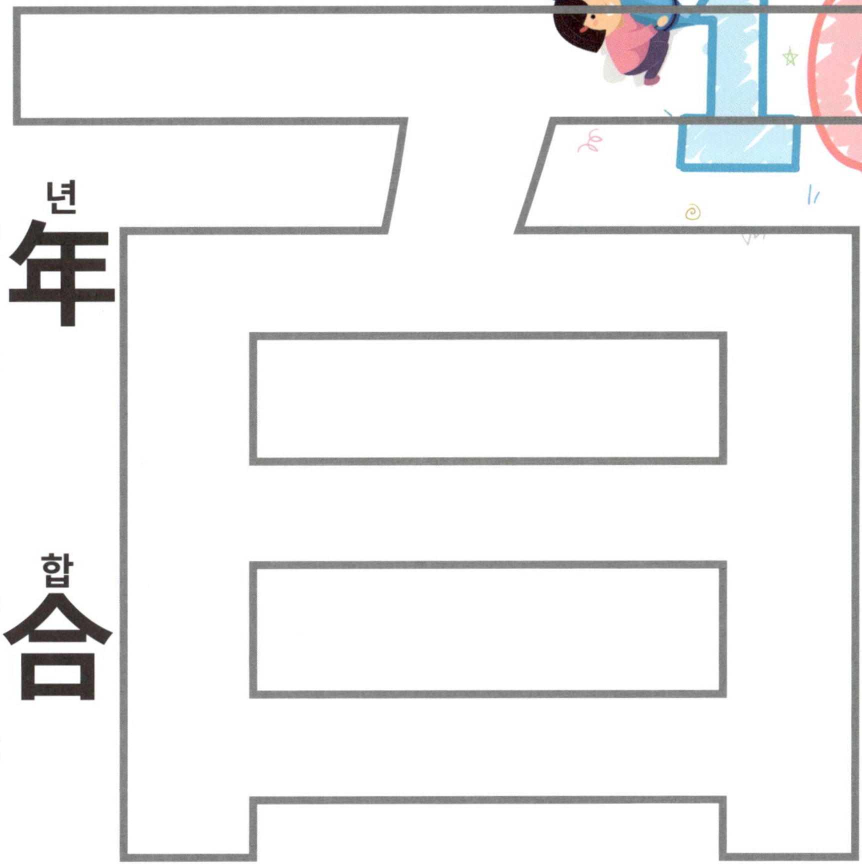

백 년
百年
*100년

백 일
百日
*100일

백 합
百合
*백합 꽃

백 화 점
百貨店
*여러 상품을 파는 큰 가게

🐱 한자를 보지 말고 또박또박 써보세요.

천
일천 천
thousand

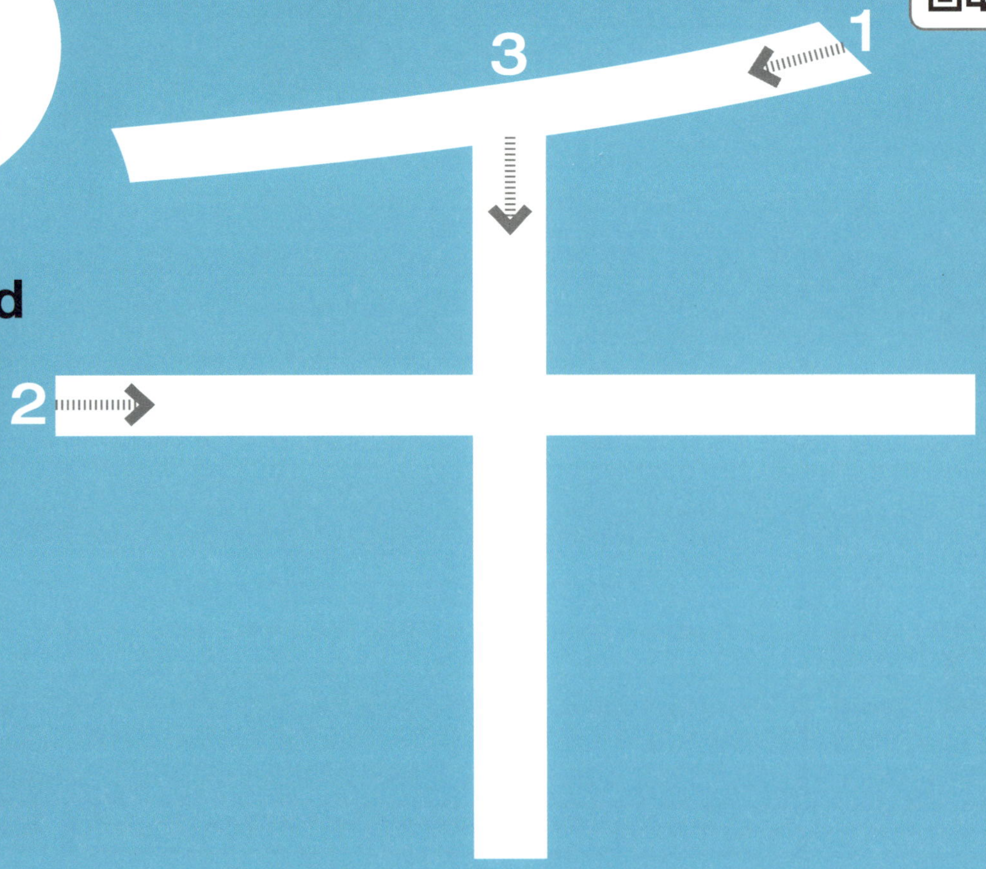

손가락으로 화살표를 따라 그려보고 연필로 써보세요.

한자를 보고 천천히 따라 써보세요.

단어를 큰소리로 읽고 그림 한자를 예쁘게 색칠해요.

천 년
千年
*오랜 세월

천 금
千金
*큰돈

천 고
千古
*아주 오랜 옛적

삼 천
三千
*3000

한자를 보지 말고 또박또박 써보세요.

피

가죽 피
skin

손가락으로 화살표를 따라 그려보고 연필로 써보세요.

皮

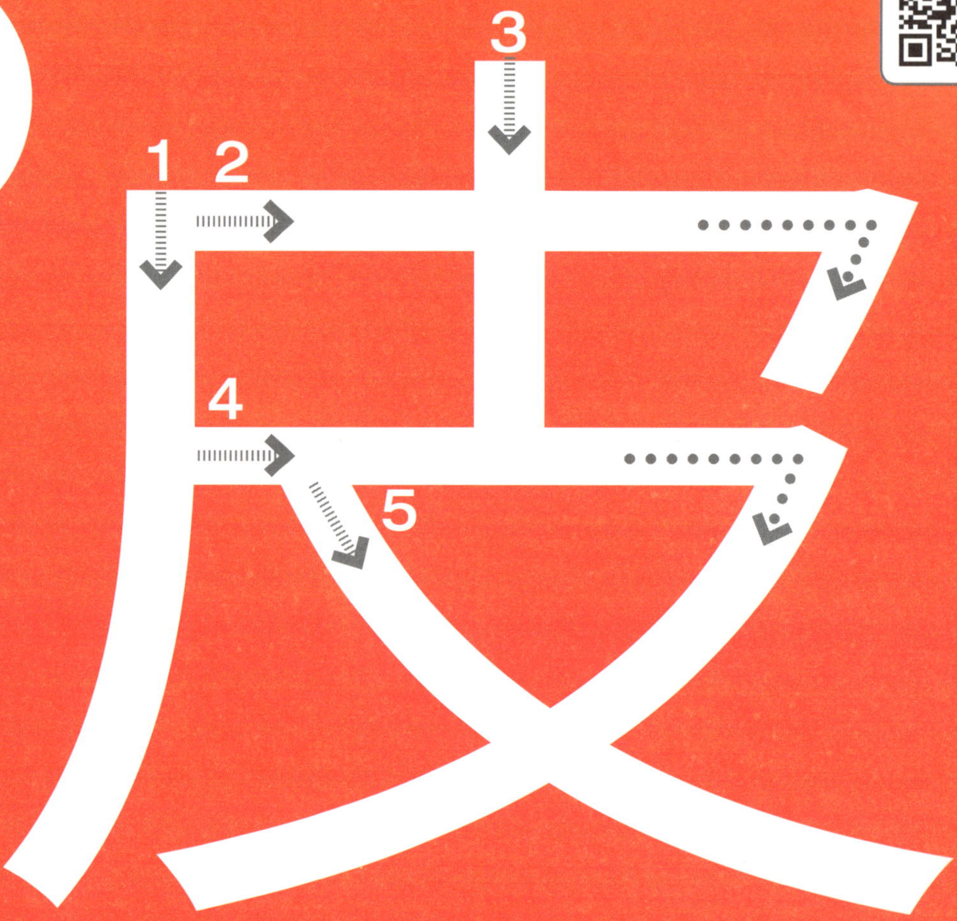

한자를 보고 천천히 따라 써보세요.

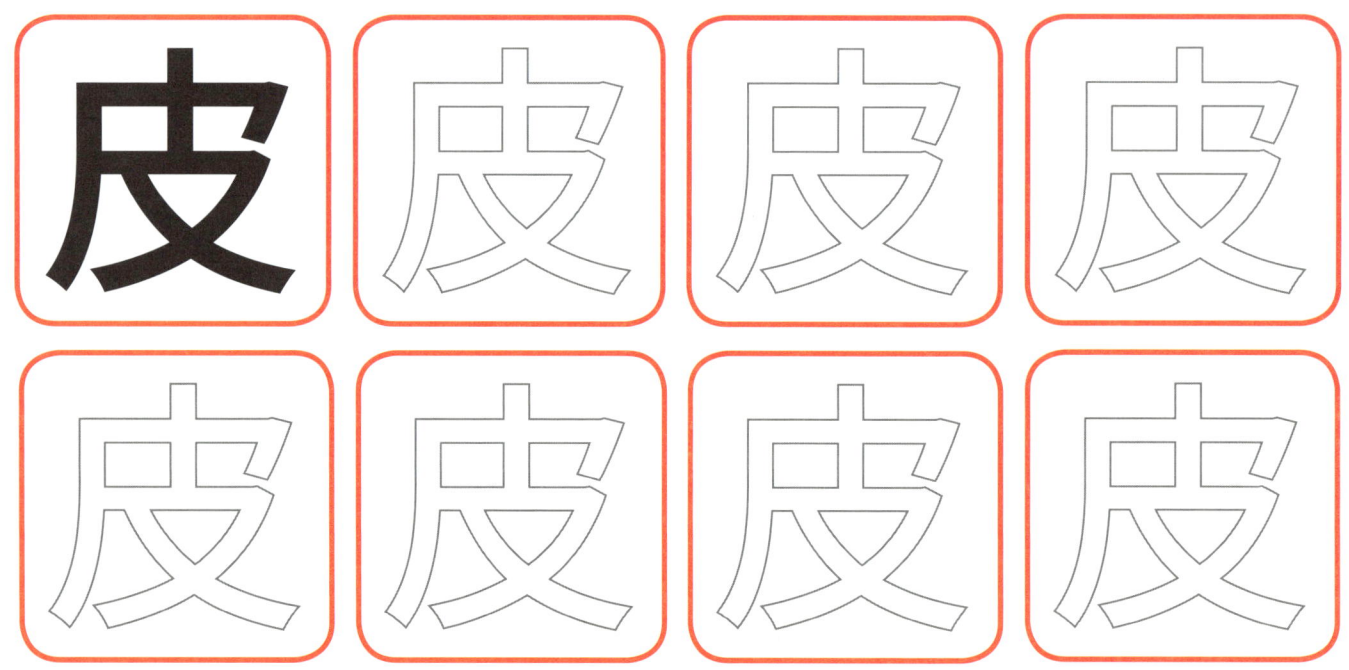

☁️ 단어를 큰소리로 읽고 그림 한자를 예쁘게 색칠해요.

모 피
毛皮
*털가죽

외 피
外皮
*겉가죽

피 부
皮膚
*살갗

내 피
內皮
*속가죽

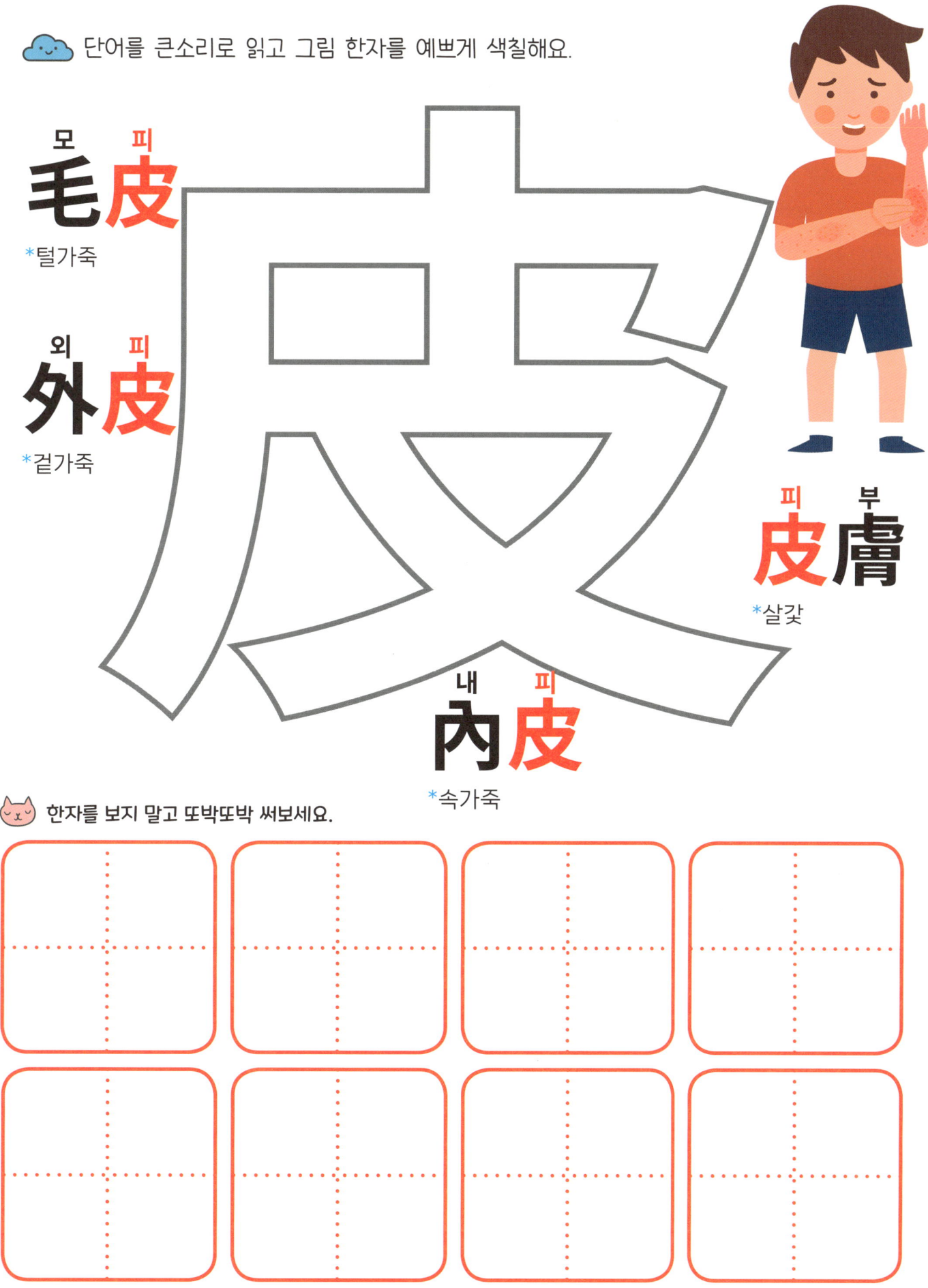

🐱 한자를 보지 말고 또박또박 써보세요.

👍 다음 한자를 보고 알맞은 음(소리)을 선으로 연결해보세요.

皮 •　　　　　• 백
千 •　　　　　• 음
百 •　　　　　• 광
音 •　　　　　• 천
光 •　　　　　• 피

 다음 한자의 음훈(소리와 뜻)을 보고 알맞은 한자에 동그라미를 치세요

일천 천　　光　音　百　千　皮

가죽 피　　光　音　百　千　皮

빛 광　　　光　音　百　千　皮

소리 음　　光　音　百　千　皮

일백 백　　光　音　百　千　皮

다음 밑줄 친 한자의 독음(읽는 소리)을 동그라미에 써넣으세요.

○ 光명　　○ 皮부

○ 발音　　○ 야光

○ 百년　　○ 音성

○ 千금　　○ 百화점

○ 모皮　　○ 삼千

🐱 다음 음훈(소리와 뜻)에 알맞는 한자를 네모 칸에 써넣으세요.

| □ | □ | □ | □ |

소리 음　　빛 광　　일천 천　　일백 백

골

뼈 골
bone

손가락으로 화살표를 따라 그려보고 연필로 써보세요.

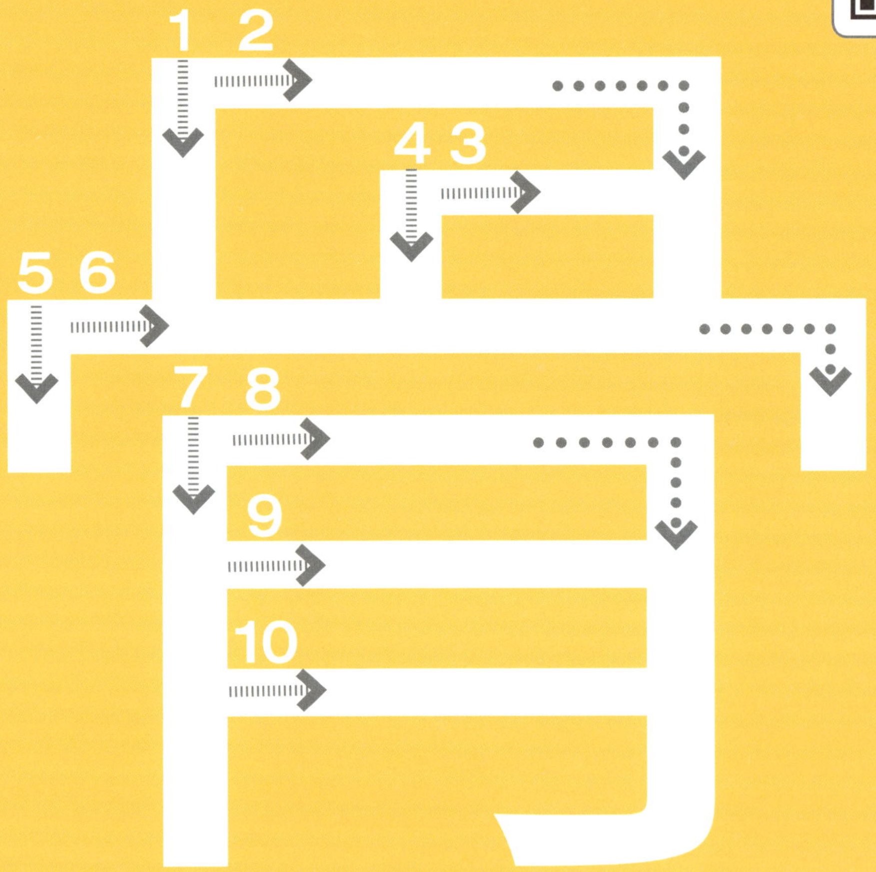

한자를 보고 천천히 따라 써보세요.

☁️ 단어를 큰소리로 읽고 그림 한자를 예쁘게 색칠해요.

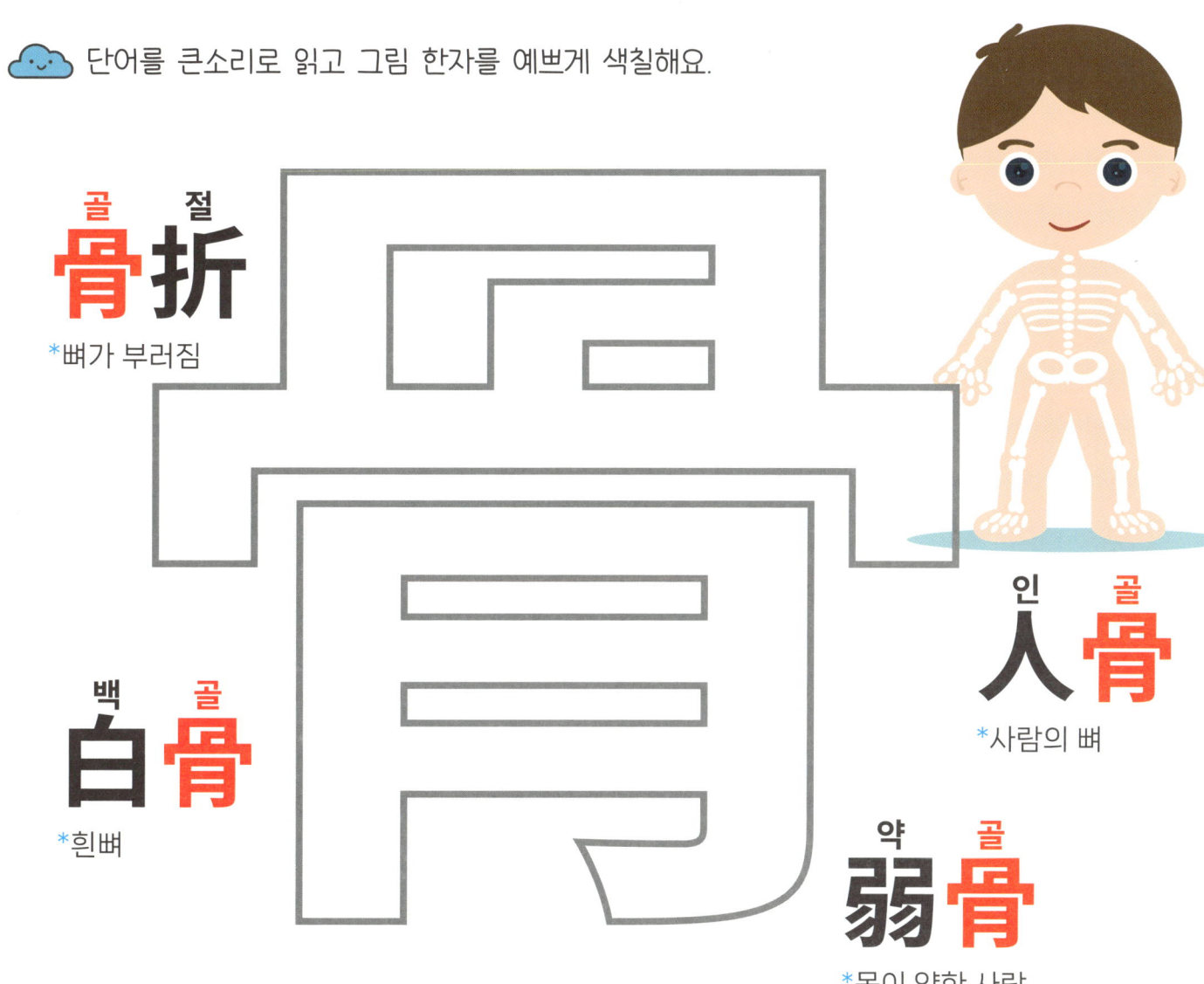

골 절
骨折
*뼈가 부러짐

백 골
白骨
*흰뼈

인 골
人骨
*사람의 뼈

약 골
弱骨
*몸이 약한 사람

🐱 한자를 보지 말고 또박또박 써보세요.

각

뿔 각
horn

손가락으로 화살표를 따라 그려보고 연필로 써보세요.

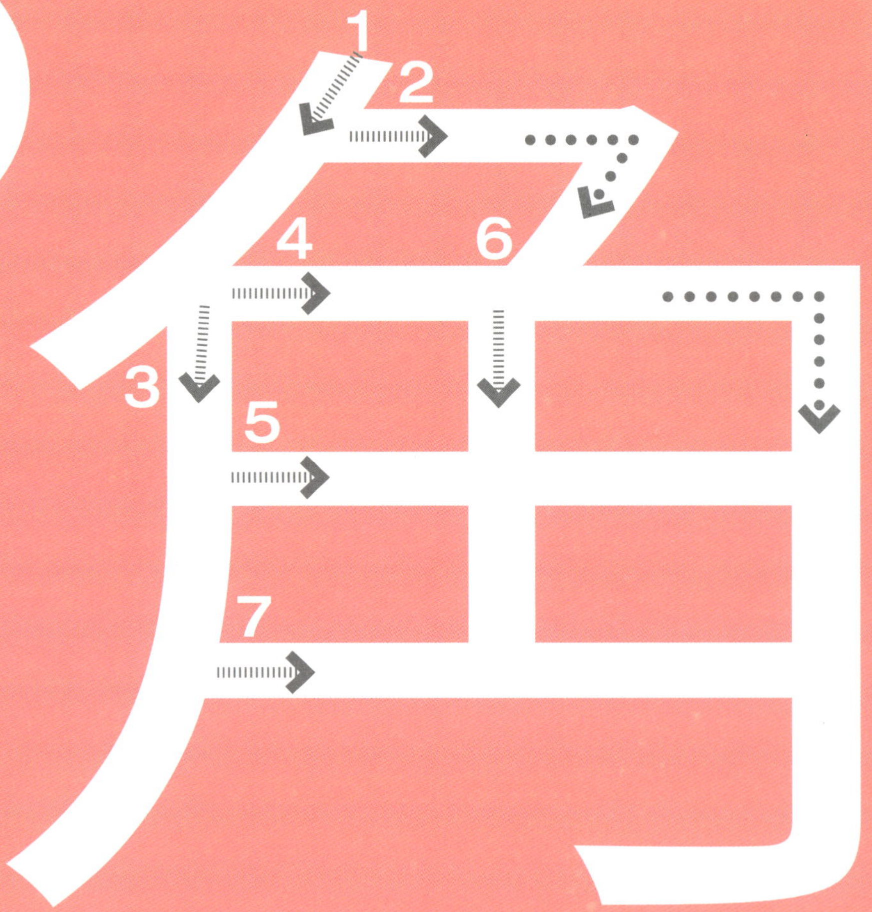

한자를 보고 천천히 따라 써보세요.

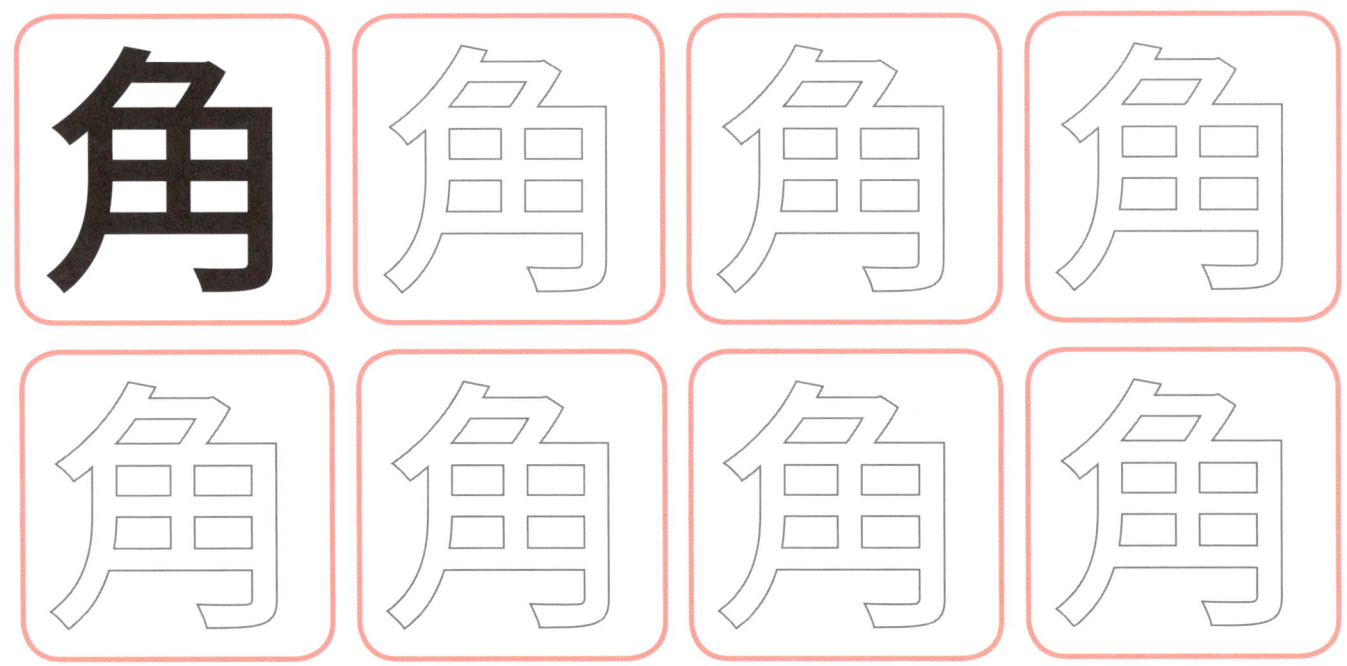

☁️ 단어를 큰소리로 읽고 그림 한자를 예쁘게 색칠해요.

각 도
角度
*각의 크기

직 각
直角
*90도의 각

삼 각 형
三角形
*세모꼴

사 각
四角
*네모꼴

🐱 한자를 보지 말고 또박또박 써보세요.

☀️ 손가락으로 화살표를 따라 그려보고 연필로 써보세요.

어

물고기 어
fish

🐱 한자를 보고 천천히 따라 써보세요.

단어를 큰소리로 읽고 그림 한자를 예쁘게 색칠해요.

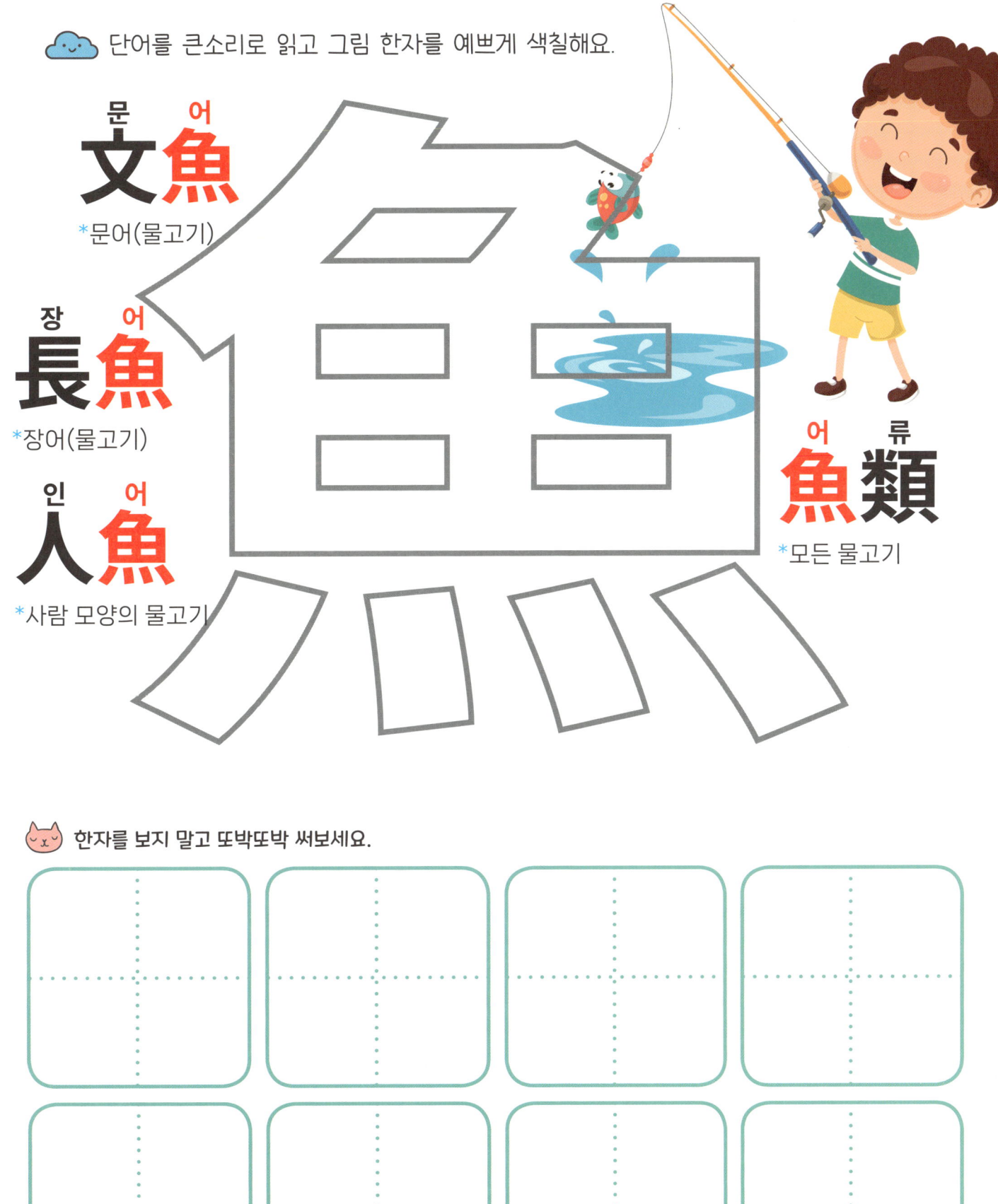

문 어
文魚
*문어(물고기)

장 어
長魚
*장어(물고기)

인 어
人魚
*사람 모양의 물고기

어 류
魚類
*모든 물고기

한자를 보지 말고 또박또박 써보세요.

85

손가락으로 화살표를 따라 그려보고 연필로 써보세요.

조개 패
shell

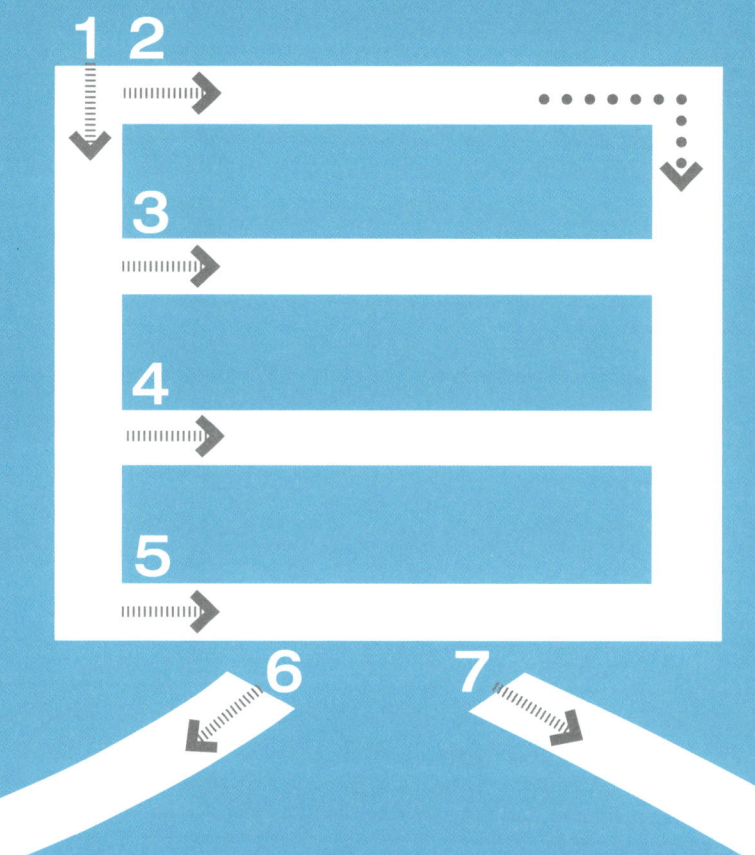

한자를 보고 천천히 따라 써보세요.

단어를 큰소리로 읽고 그림 한자를 예쁘게 색칠해요.

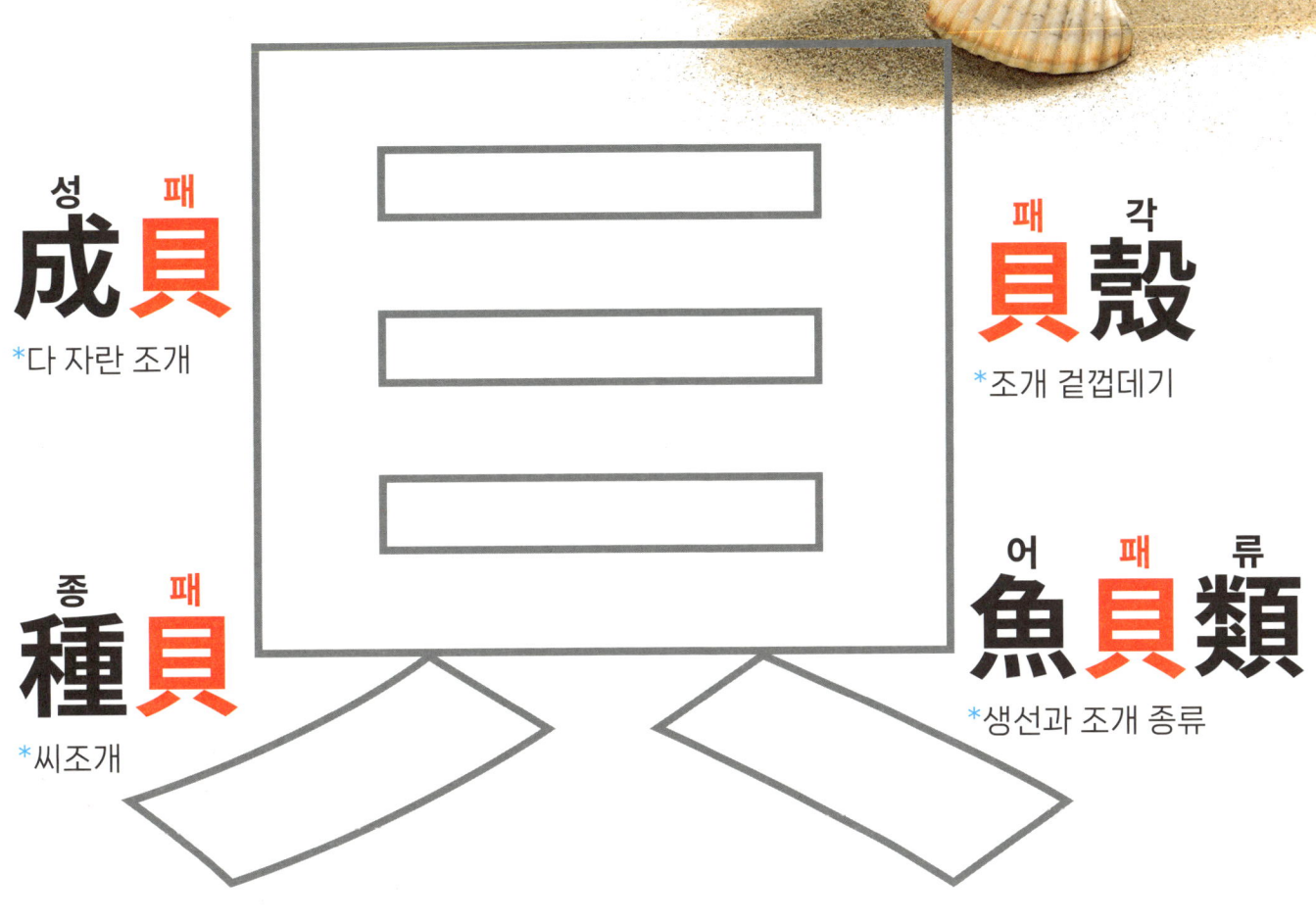

성 패
成貝
*다 자란 조개

패 각
貝殼
*조개 겉껍데기

종 패
種貝
*씨조개

어 패 류
魚貝類
*생선과 조개 종류

한자를 보지 말고 또박또박 써보세요.

문
문 문
gate

☀️ 손가락으로 화살표를 따라 그려보고 연필로 써보세요.

🐱 한자를 보고 천천히 따라 써보세요.

☁️ 단어를 큰소리로 읽고 그림 한자를 예쁘게 색칠해요.

문 전
門前
*문 앞

창 문
窓門
*벽에 만든 문

교 문
校門
*학교의 문

정 문
正門
*정면에 있는 큰 문

🐱 한자를 보지 말고 또박또박 써보세요.

👍 다음 한자를 보고 알맞는 음(소리)을 선으로 연결해보세요.

門 ·　　　　　　· 패
貝 ·　　　　　　· 골
魚 ·　　　　　　· 문
角 ·　　　　　　· 어
骨 ·　　　　　　· 각

🍦 다음 한자의 음훈(소리와 뜻)을 보고 알맞는 한자에 동그라미를 치세요

뿔 각　　　骨　角　魚　貝　門

뼈 골　　　骨　角　魚　貝　門

조개 패　　骨　角　魚　貝　門

문 문　　　骨　角　魚　貝　門

물고기 어　骨　角　魚　貝　門

다음 밑줄 친 한자의 독음(읽는 소리)을 동그라미에 써넣으세요.

( ) 骨절	( ) 창門
( ) 角도	( ) 인骨
( ) 문魚	( ) 삼角형
( ) 어貝류	( ) 인魚
( ) 교門	( ) 貝각

다음 음훈(소리와 뜻)에 알맞는 한자를 네모 칸에 써넣으세요.

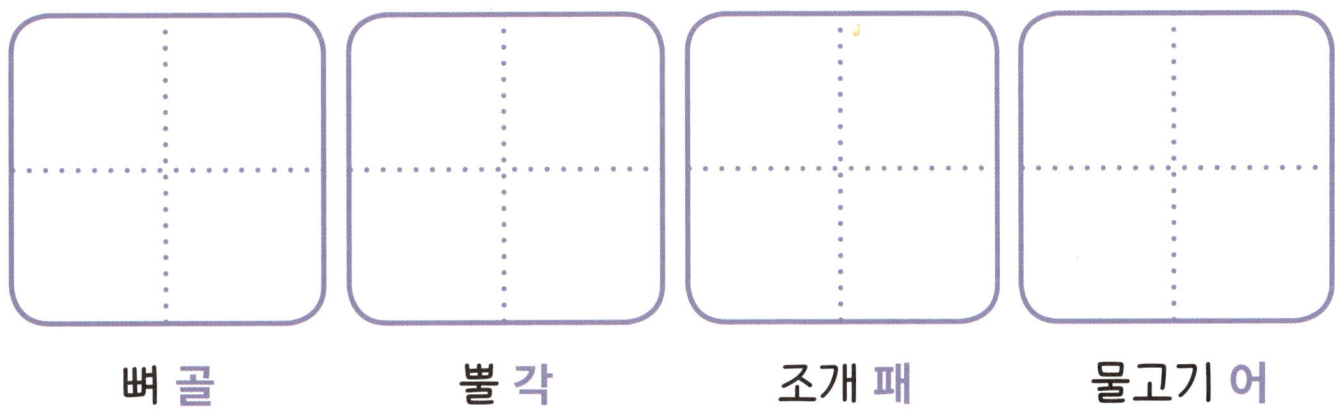

뼈 골 　　뿔 각 　　조개 패 　　물고기 어

☀️ 손가락으로 화살표를 따라 그려보고 연필로 써보세요.

언
말씀 언
words

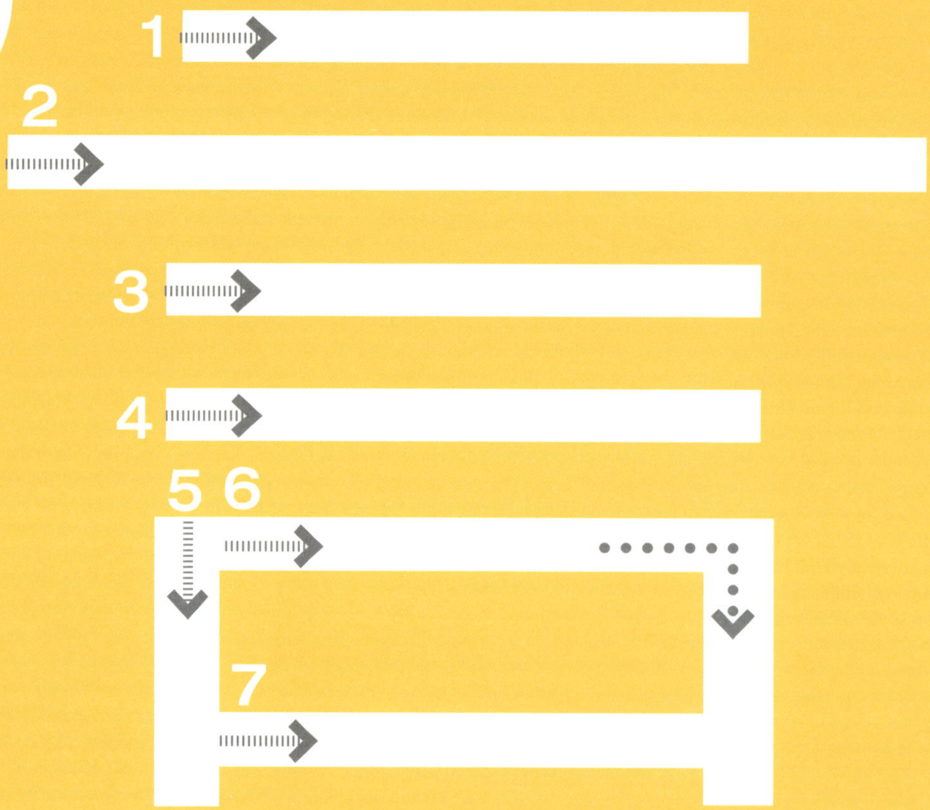

🐱 한자를 보고 천천히 따라 써보세요.

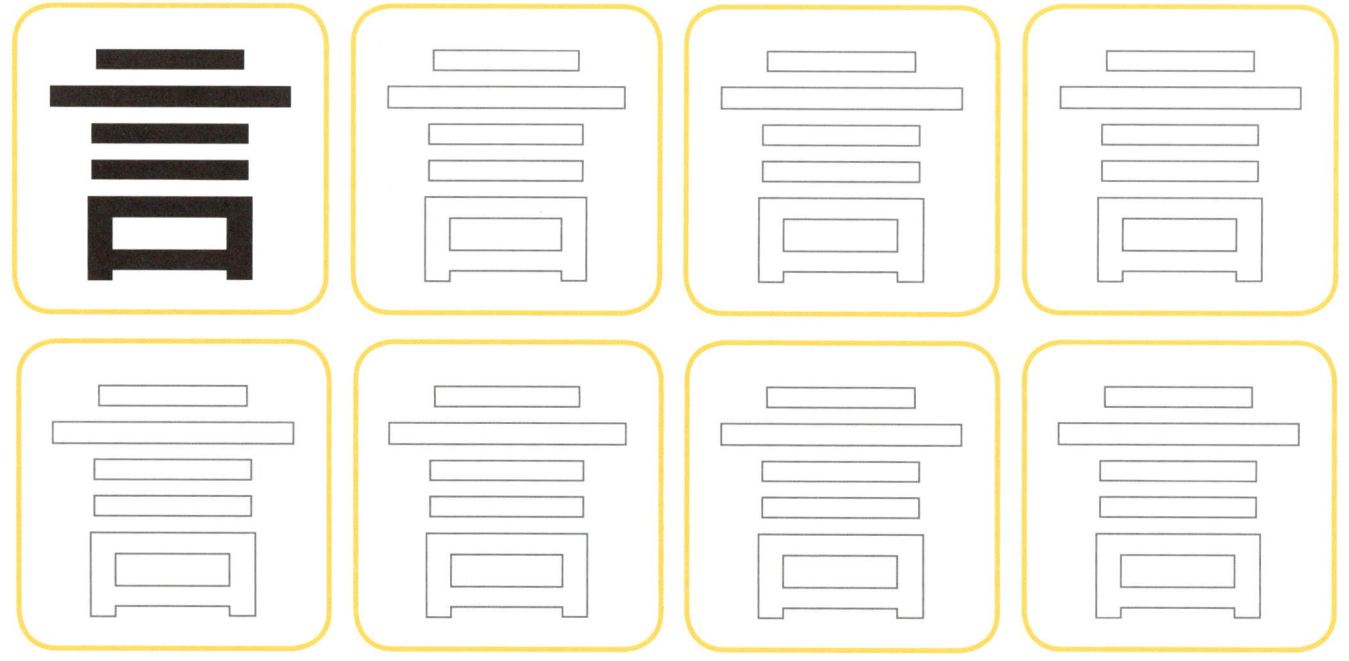

단어를 큰소리로 읽고 그림 한자를 예쁘게 색칠해요.

언 어
言語
*말

언 행
言行
*말과 행동

감 언
甘言
*달콤한 말

발 언
發言
*말을 꺼냄

한자를 보지 말고 또박또박 써보세요.

주

달릴 주
run

손가락으로 화살표를 따라 그려보고 연필로 써보세요.

走

한자를 보고 천천히 따라 써보세요.

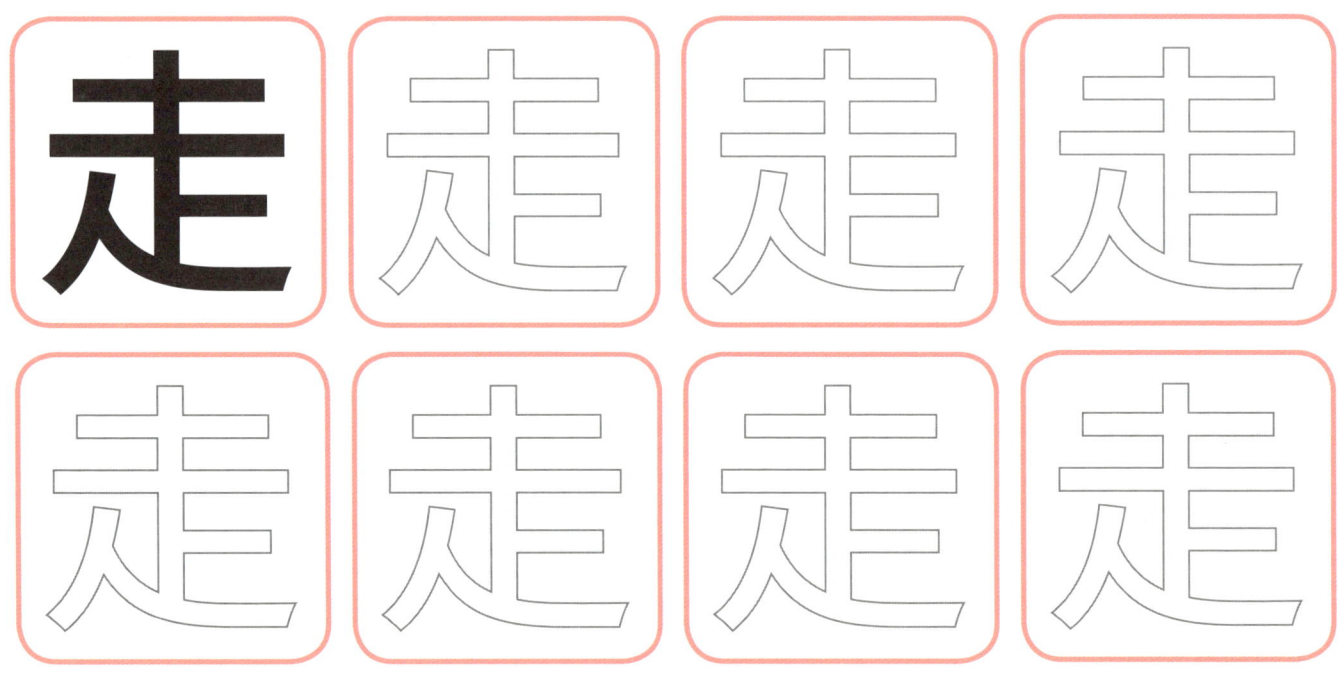

단어를 큰소리로 읽고 그림 한자를 예쁘게 색칠해요.

走^주行^행
*탈것이 달림

完^완走^주
*끝까지 다 달림

走^주者^자
*달리는 사람

競^경走^주
* 달리기를 겨룸

한자를 보지 말고 또박또박 써보세요.

☀️ 손가락으로 화살표를 따라 그려보고 연필로 써보세요.

행

갈 행
go

行

🐱 한자를 보고 천천히 따라 써보세요.

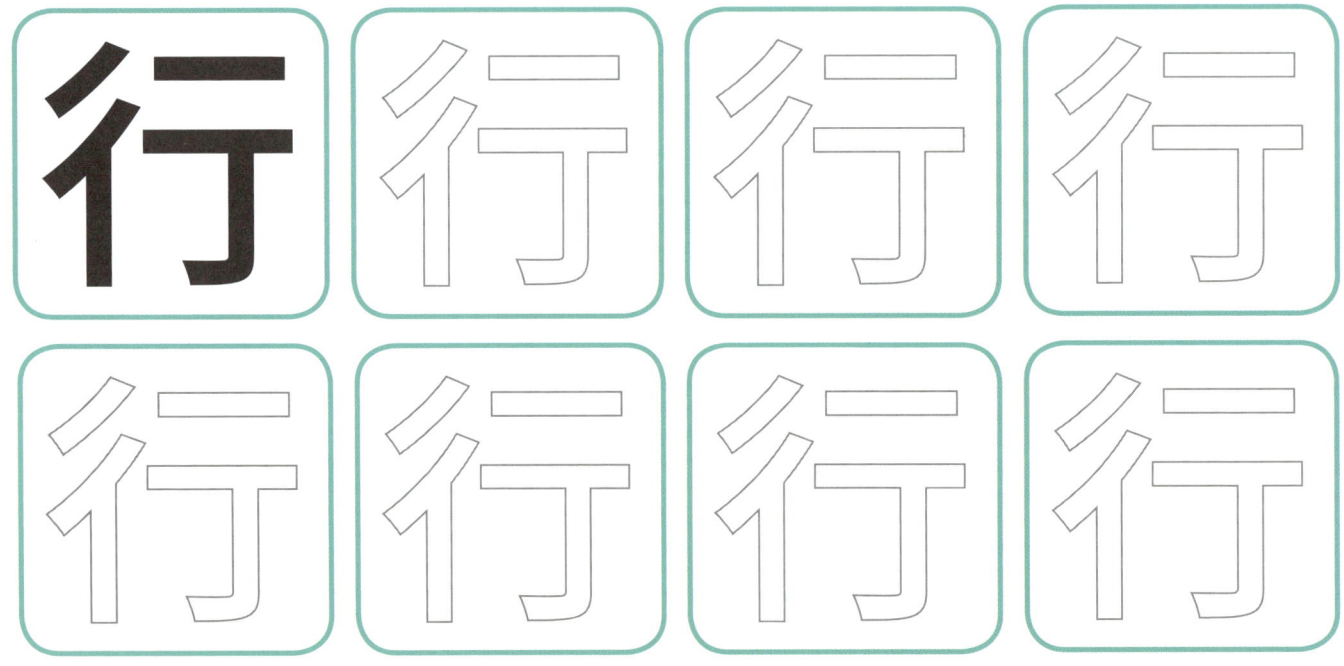

단어를 큰소리로 읽고 그림 한자를 예쁘게 색칠해요.

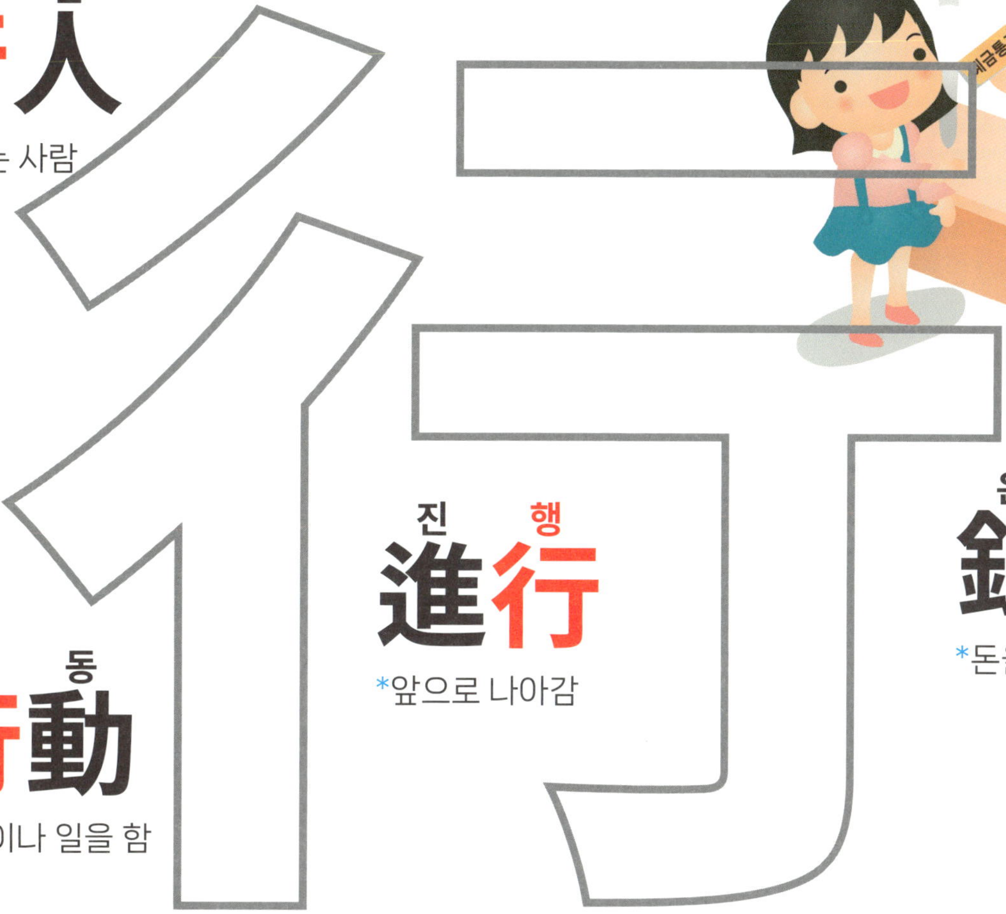

행 인
行人
*길 가는 사람

행 동
行動
*동작이나 일을 함

진 행
進行
*앞으로 나아감

은 행
銀行
*돈을 맡기고 찾는 곳

한자를 보지 말고 또박또박 써보세요.

선
먼저 선
previous

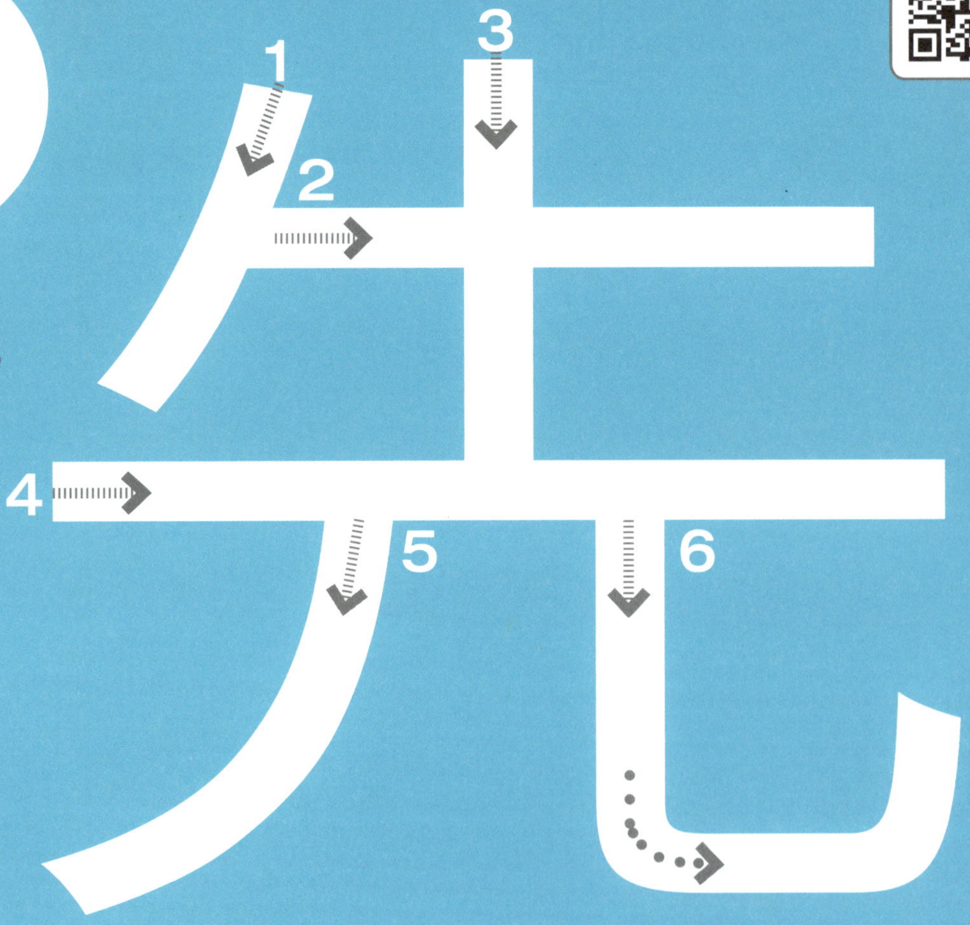

손가락으로 화살표를 따라 그려보고 연필로 써보세요.

한자를 보고 천천히 따라 써보세요.

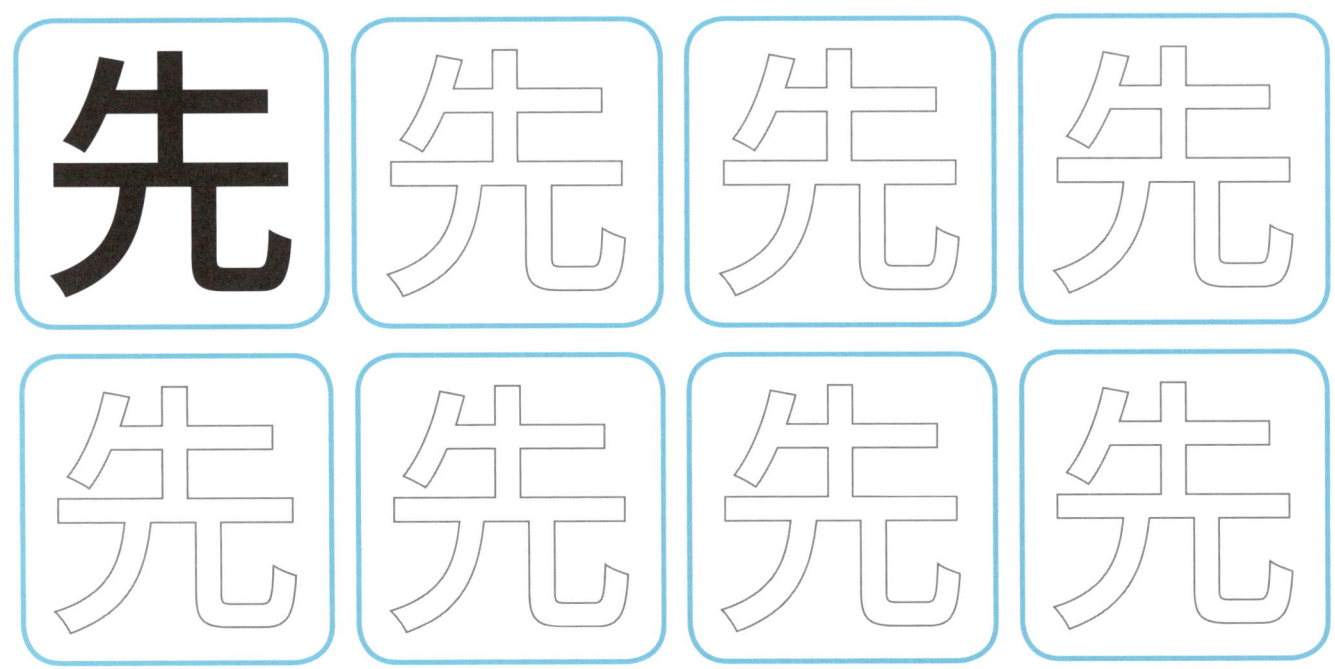

단어를 큰소리로 읽고 그림 한자를 예쁘게 색칠해요.

先^선後^후
*앞뒤

先^선生^생
*남을 가르치는 사람

行^행先^선地^지
*가는 곳

先^선頭^두
*맨 앞

한자를 보지 말고 또박또박 써보세요.

 손가락으로 화살표를 따라 그려보고 연필로 써보세요.

전

앞 전
in front

 한자를 보고 천천히 따라 써보세요.

단어를 큰소리로 읽고 그림 한자를 예쁘게 색칠해요.

전 후
前後
*앞과 뒤

직 전
直**前**
*바로 앞

전 방
前方
*앞쪽

전 진
前進
*앞으로 나아감

한자를 보지 말고 또박또박 써보세요.

👍 다음 한자를 보고 알맞은 음(소리)을 선으로 연결해보세요.

前 •　　　　• 선
先 •　　　　• 전
行 •　　　　• 언
走 •　　　　• 주
言 •　　　　• 행

🍦 다음 한자의 음훈(소리와 뜻)을 보고 알맞은 한자에 동그라미를 치세요

달릴 주　　言　走　行　先　前

앞 전　　　言　走　行　先　前

갈 행　　　言　走　行　先　前

먼저 선　　言　走　行　先　前

말씀 언　　言　走　行　先　前

다음 밑줄 친 한자의 독음(읽는 소리)을 동그라미에 써넣으세요.

○ <u>言</u>어   ○ <u>前</u>진

○ <u>走</u>자   ○ <u>言</u>행

○ <u>行</u>동   ○ 경<u>走</u>

○ <u>先</u>후   ○ 은<u>行</u>

○ <u>前</u>방   ○ <u>先</u>두

다음 음훈(소리와 뜻)에 알맞은 한자를 네모 칸에 써넣으세요.

갈 **행**	달릴 **주**	먼저 **선**	앞 **전**

☀️ 손가락으로 화살표를 따라 그려보고 연필로 써보세요.

後

뒤 후
after

🐱 한자를 보고 천천히 따라 써보세요.

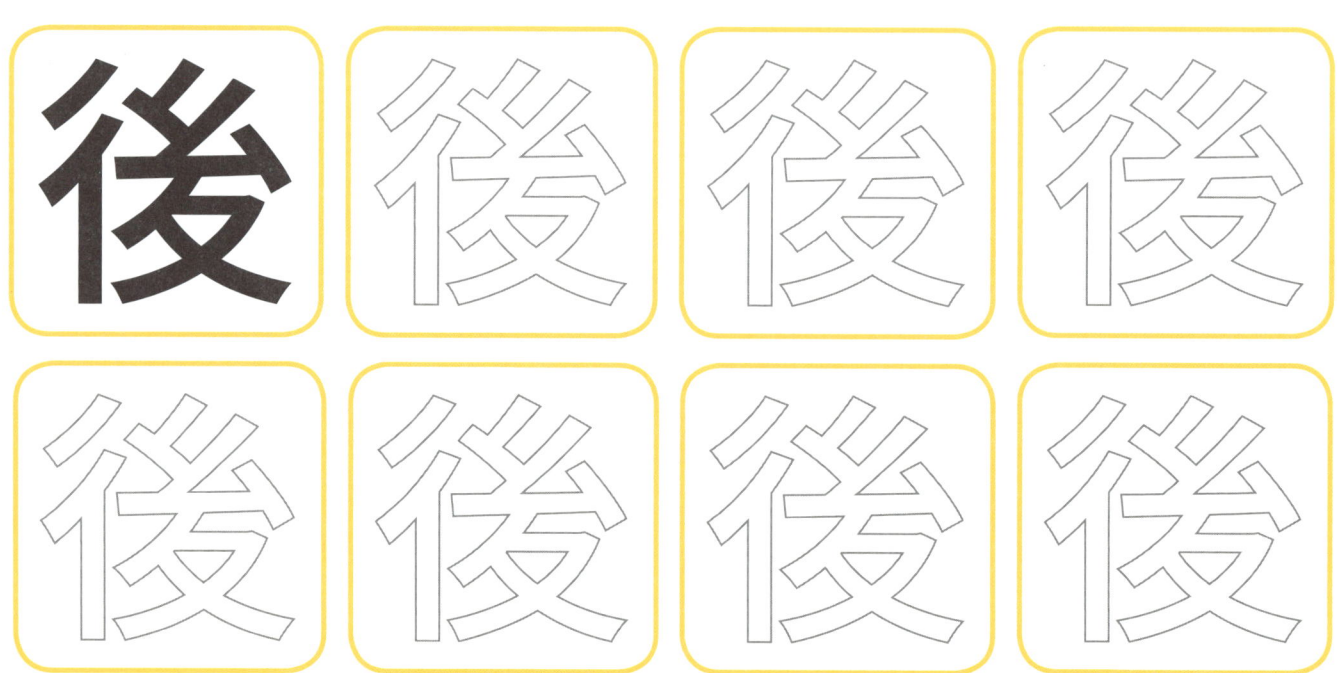

☁️ 단어를 큰소리로 읽고 그림 한자를 예쁘게 색칠해요.

오 후
午後
*정오부터 해가 질 때까지

최 후
最後
*맨 마지막

생 후
生後
*태어난 뒤

후 방
後方
*중심의 뒤쪽

🐱 한자를 보지 말고 또박또박 써보세요.

손가락으로 화살표를 따라 그려보고 연필로 써보세요.

동

동녘 동
east

한자를 보고 천천히 따라 써보세요.

東	東	東	東
東	東	東	東

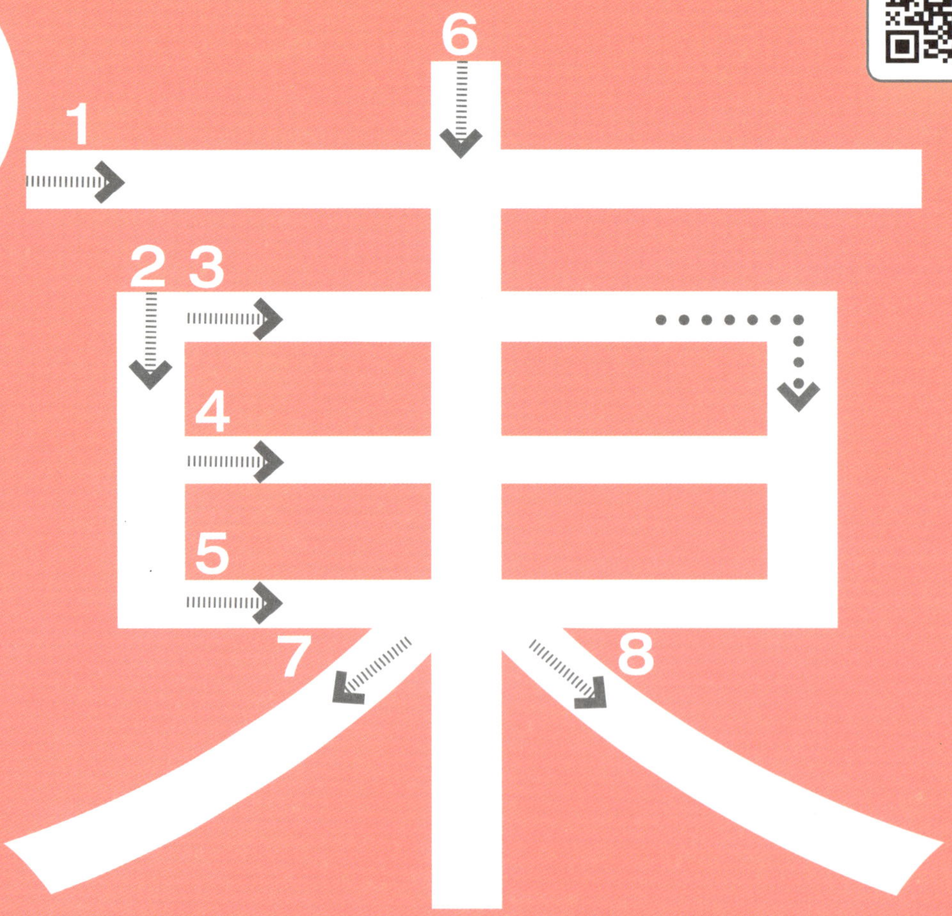

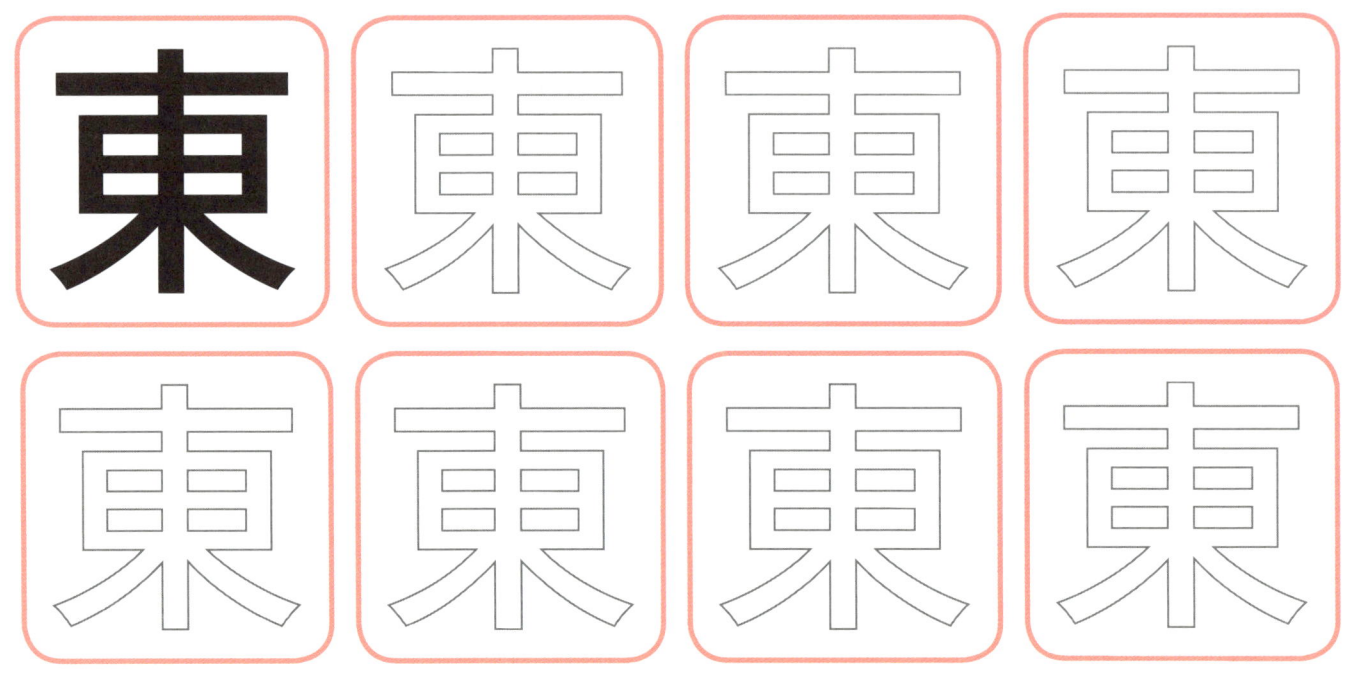

☁️ 단어를 큰소리로 읽고 그림 한자를 예쁘게 색칠해요.

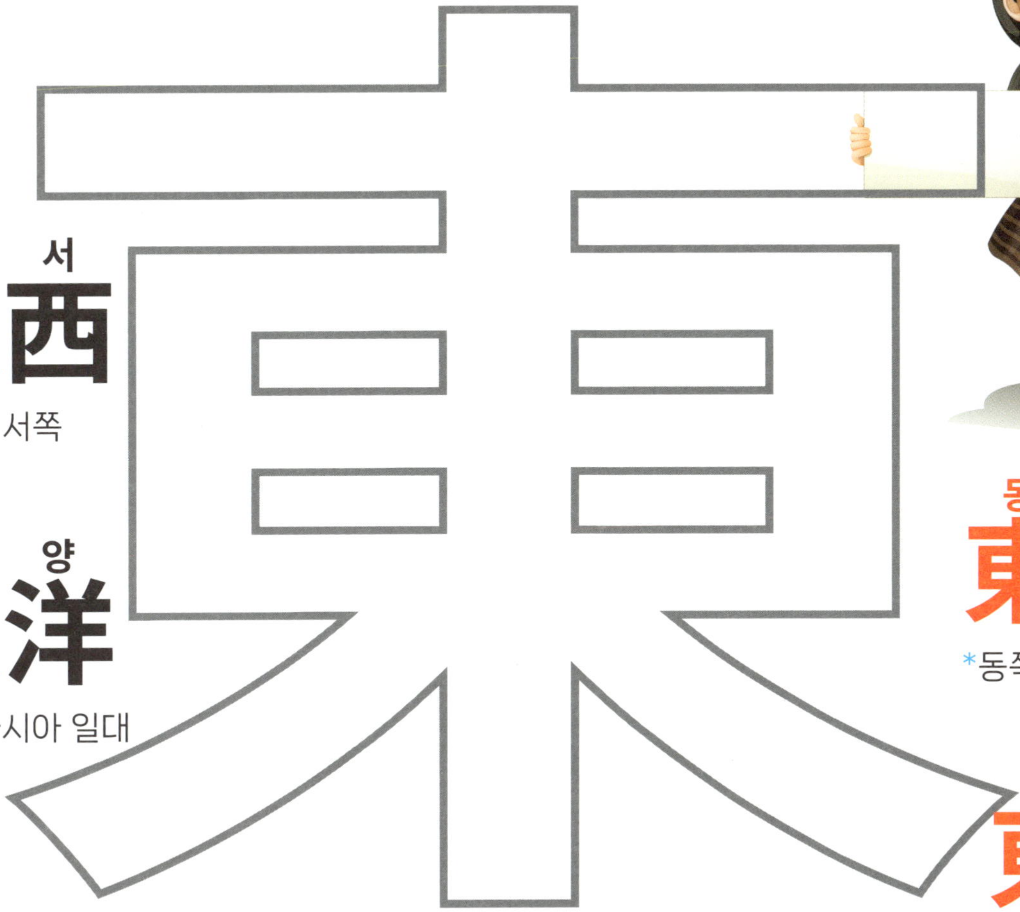

동 서
東西
*동쪽과 서쪽

동 양
東洋
*동쪽 아시아 일대

East

동 방
東方
*동쪽

동 해
東海
*동쪽 바다

🐱 한자를 보지 말고 또박또박 써보세요.

서
서녘 서
west

손가락으로 화살표를 따라 그려보고 연필로 써보세요.

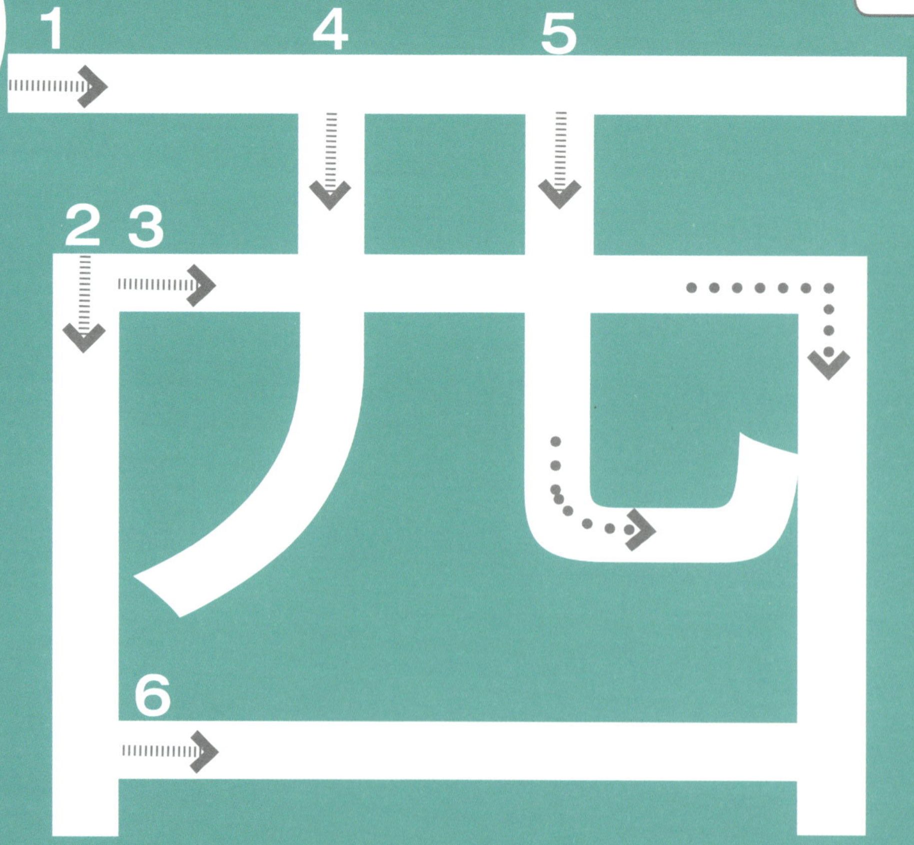

한자를 보고 천천히 따라 써보세요.

☁️ 단어를 큰소리로 읽고 그림 한자를 예쁘게 색칠해요.

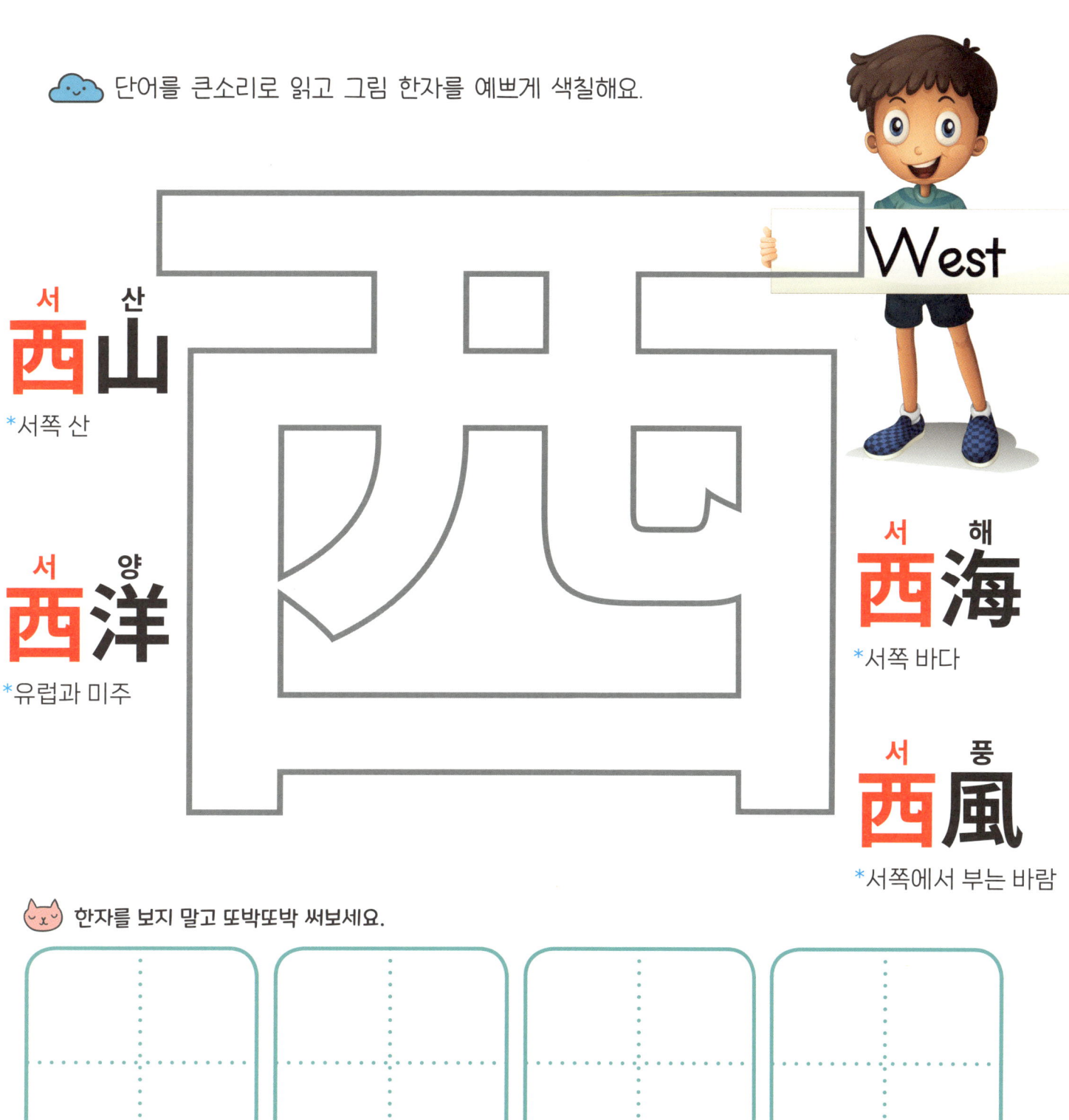

서 산
西山
*서쪽 산

서 양
西洋
*유럽과 미주

서 해
西海
*서쪽 바다

서 풍
西風
*서쪽에서 부는 바람

🐱 한자를 보지 말고 또박또박 써보세요.

☀️ 손가락으로 화살표를 따라 그려보고 연필로 써보세요.

남

남녘 남
south

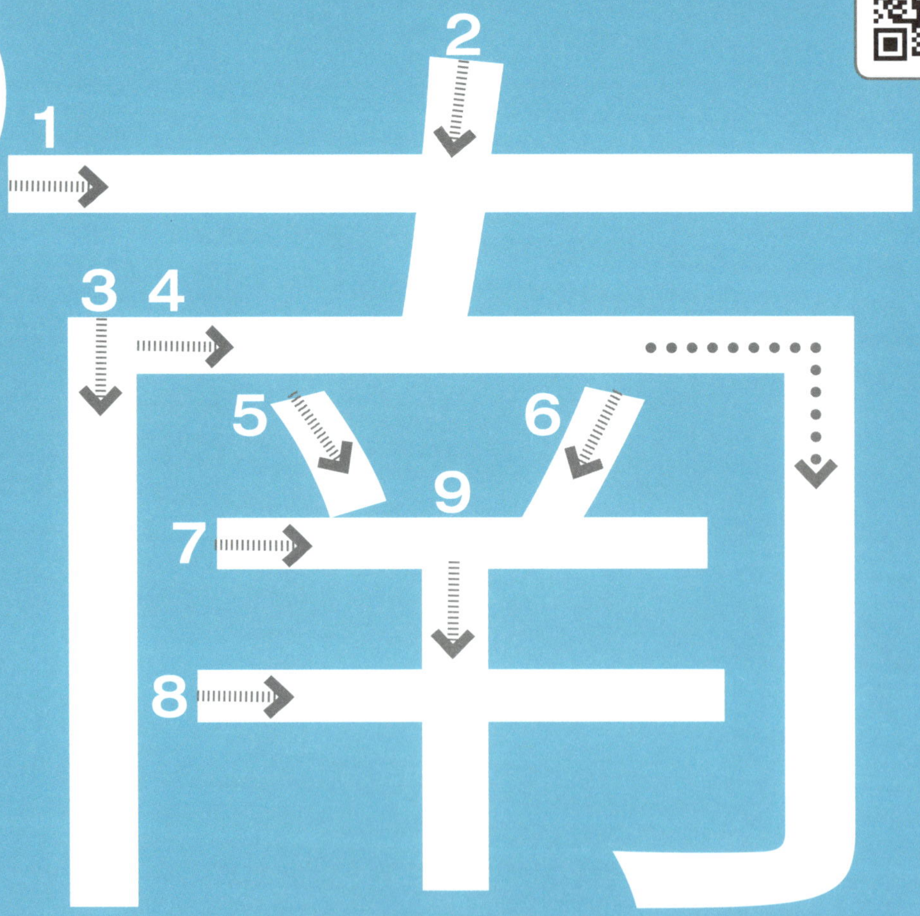

🐱 한자를 보고 천천히 따라 써보세요.

단어를 큰소리로 읽고 그림 한자를 예쁘게 색칠해요.

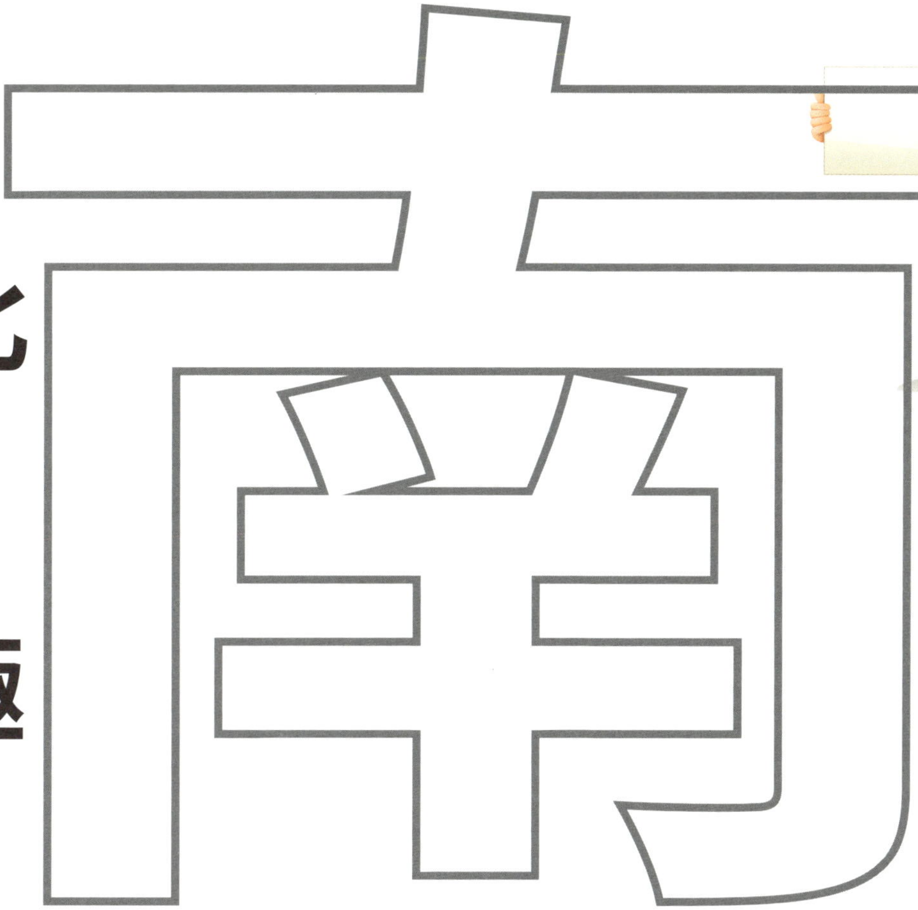

南北 (남북)
*남쪽과 북쪽

南極 (남극)
*남쪽 끝

南部 (남부)
*지역의 남쪽 부분

南海 (남해)
*남쪽 바다

South

한자를 보지 말고 또박또박 써보세요.

🌞 손가락으로 화살표를 따라 그려보고 연필로 써보세요.

북

북녘 북
north

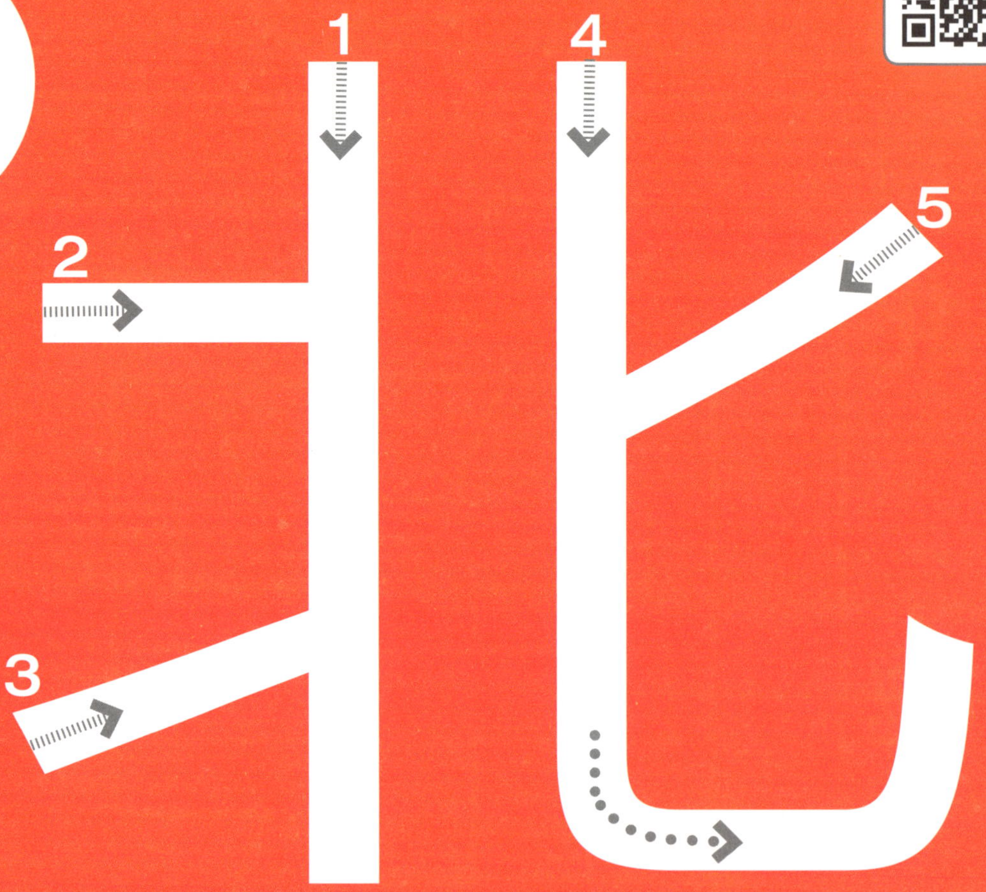

🐱 한자를 보고 천천히 따라 써보세요.

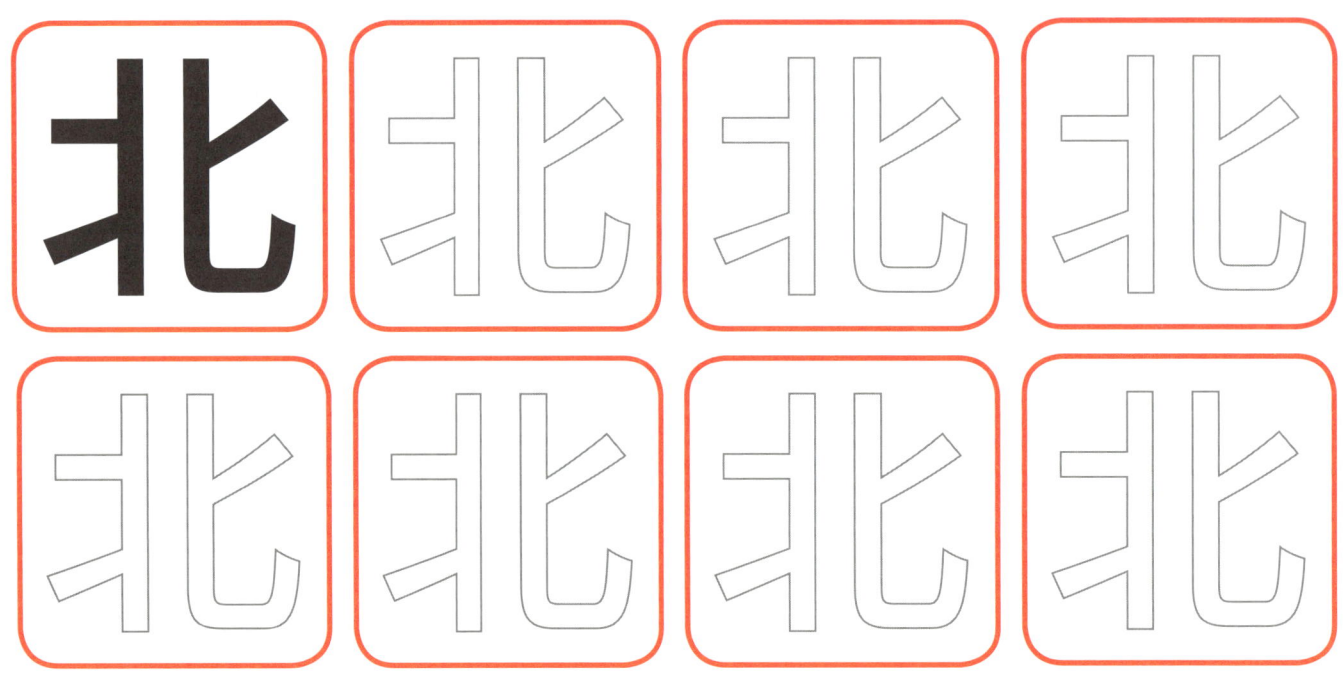

단어를 큰소리로 읽고 그림 한자를 예쁘게 색칠해요.

북 극
北極
*북쪽 끝

북 한
北韓
*휴전선 이북의 한국

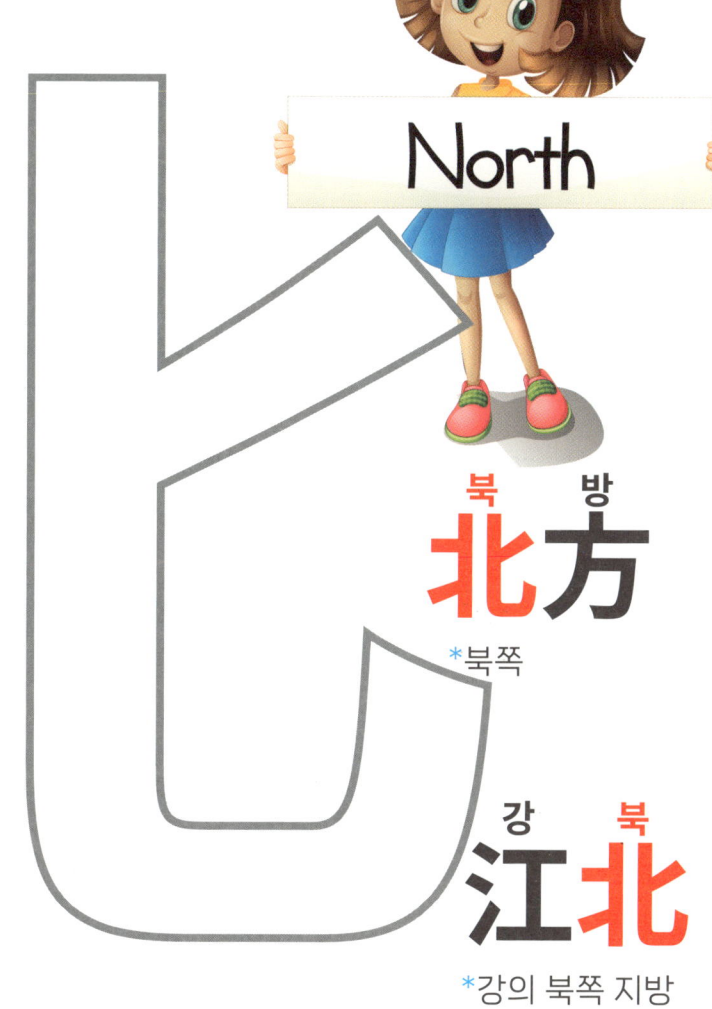

North

북 방
北方
*북쪽

강 북
江**北**
*강의 북쪽 지방

한자를 보지 말고 또박또박 써보세요.

👍 다음 한자를 보고 알맞는 음(소리)을 선으로 연결해보세요.

北 •   • 서
南 •   • 동
西 •   • 후
東 •   • 남
後 •   • 북

🍦 다음 한자의 음훈(소리와 뜻)을 보고 알맞는 한자에 동그라미를 치세요

남녘 남   後 東 西 南 北

북녘 북   後 東 西 南 北

서녘 서   後 東 西 南 北

뒤 후   後 東 西 南 北

동녘 동   後 東 西 南 北

다음 밑줄 친 한자의 독음(읽는 소리)을 동그라미에 써넣으세요.

최後	北한
東양	後방
西양	東해
南북	西풍
北극	南부

다음 음훈(소리와 뜻)에 알맞는 한자를 네모 칸에 써넣으세요.

북녘 북	남녘 남	서녘 서	동녘 동

손가락으로 화살표를 따라 그려보고 연필로 써보세요.

춘

봄 춘
spring

한자를 보고 천천히 따라 써보세요.

春	春	春	春
春	春	春	春

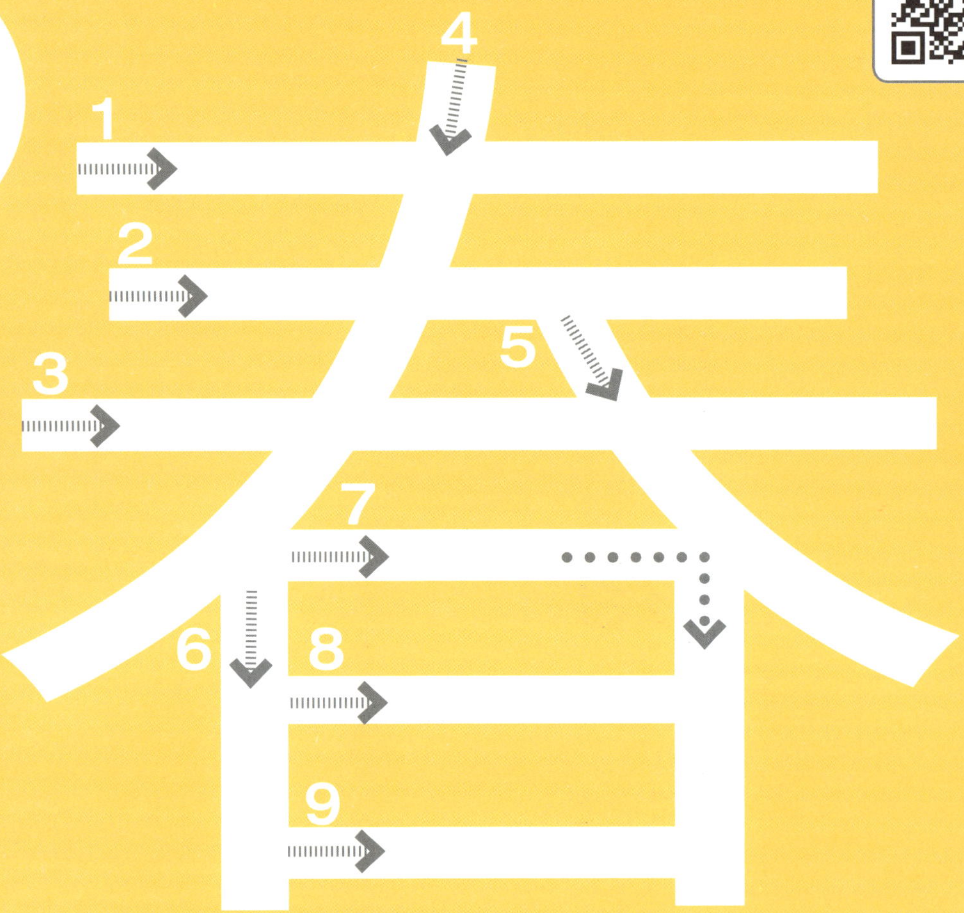

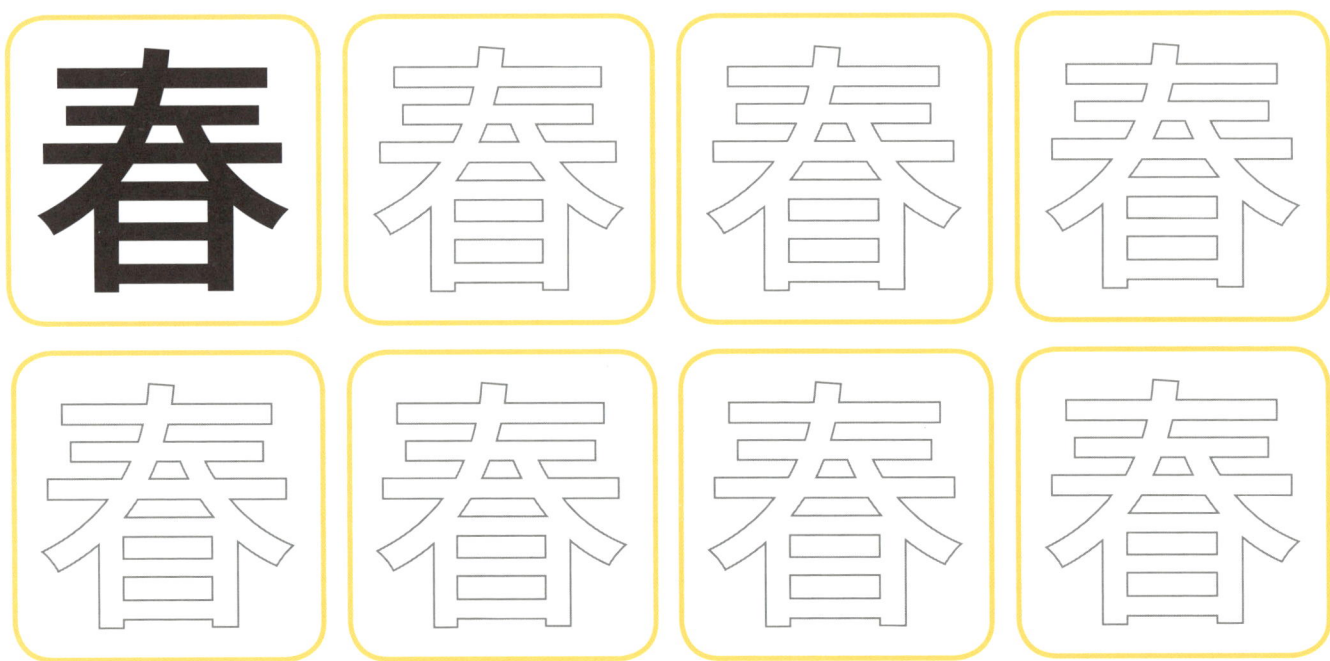

단어를 큰소리로 읽고 그림 한자를 예쁘게 색칠해요.

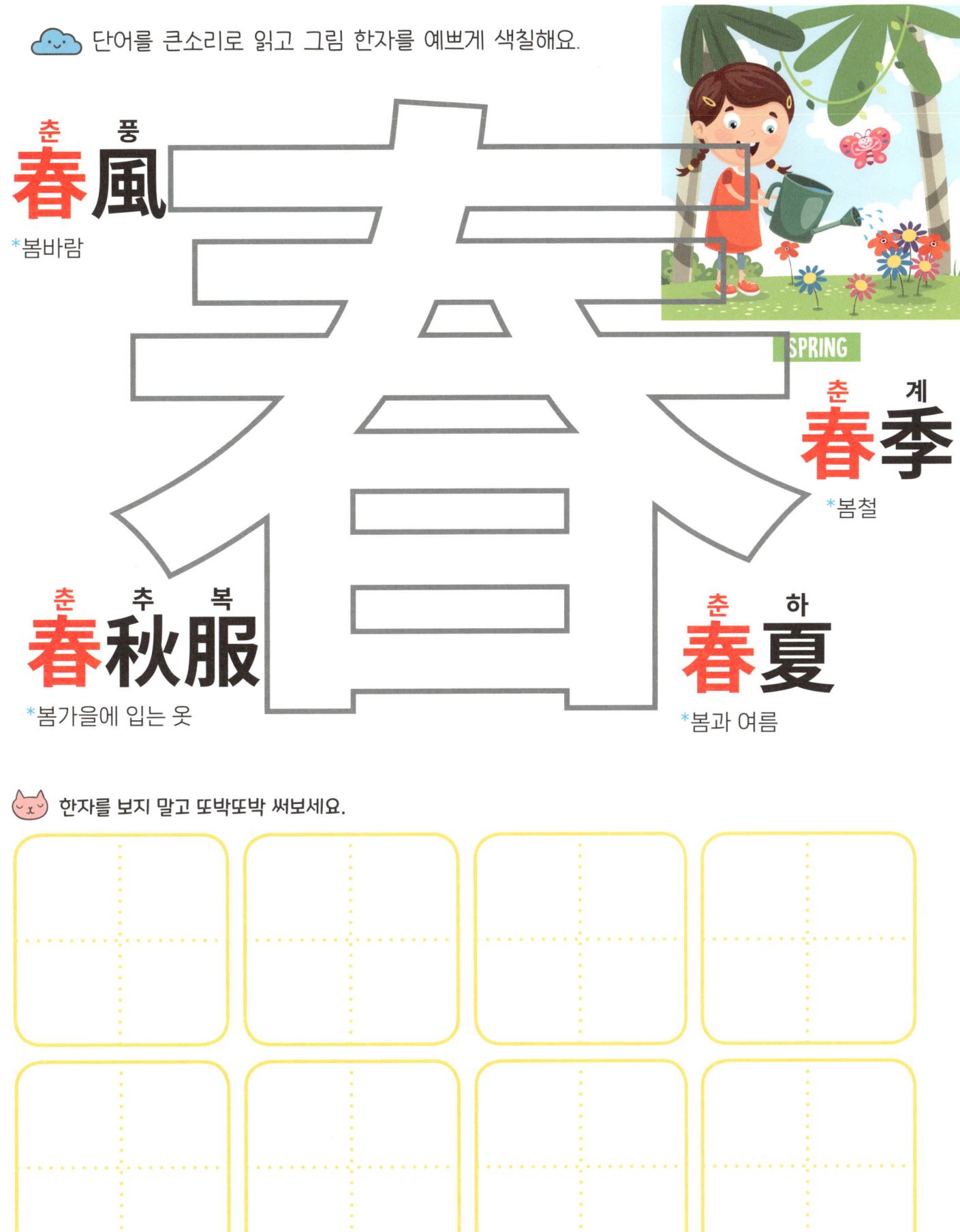

춘 풍
春風
*봄바람

춘 계
春季
*봄철

춘 추 복
春秋服
*봄가을에 입는 옷

춘 하
春夏
*봄과 여름

SPRING

한자를 보지 말고 또박또박 써보세요.

손가락으로 화살표를 따라 그려보고 연필로 써보세요.

하

여름 하

summer

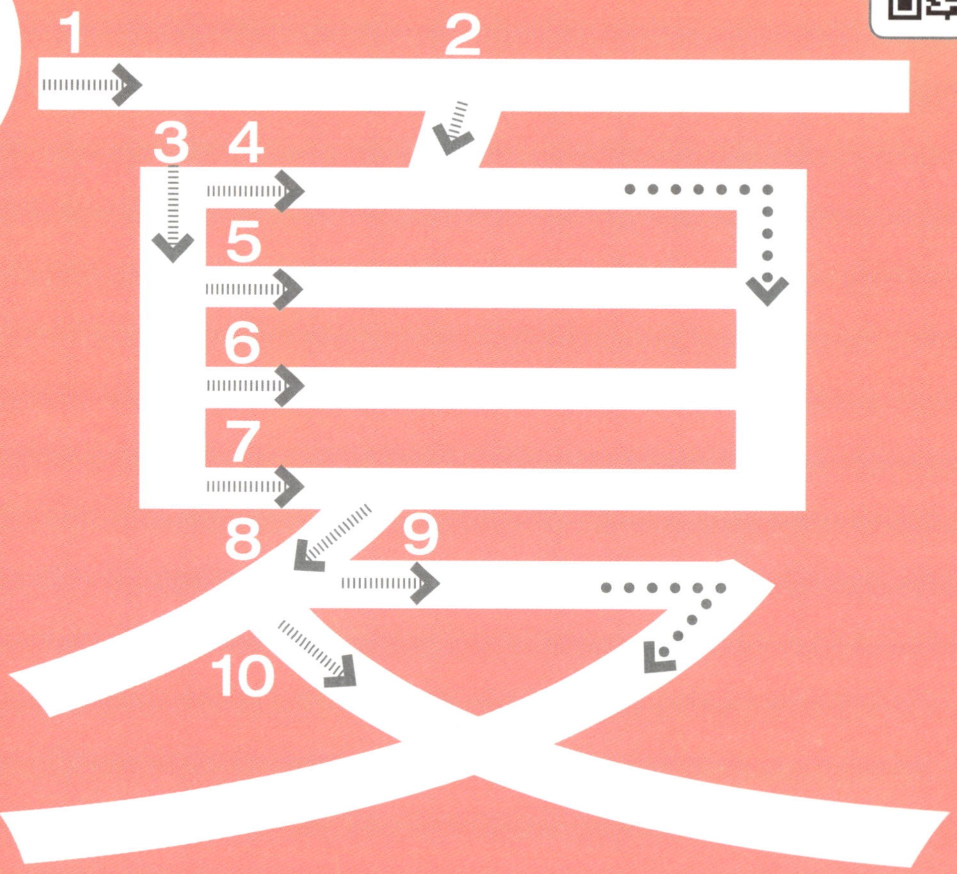

한자를 보고 천천히 따라 써보세요.

夏	夏	夏	夏
夏	夏	夏	夏

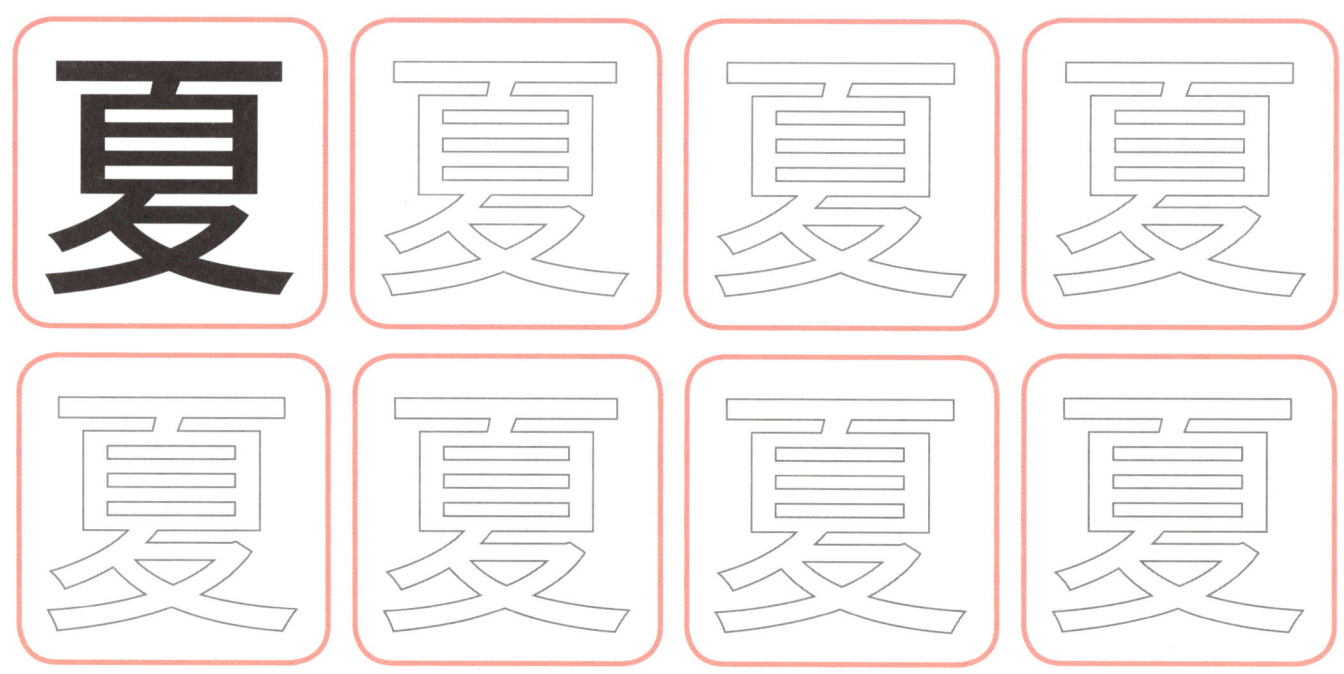

단어를 큰소리로 읽고 그림 한자를 예쁘게 색칠해요.

하 복
夏服
*여름에 입는 옷

입 하
立夏
*여름에 들어섬

SUMMER
하 계
夏季
*여름철

하 지
夏至
*낮이 가장 긺

한자를 보지 말고 또박또박 써보세요.

손가락으로 화살표를 따라 그려보고 연필로 써보세요.

추

가을 추
autumn

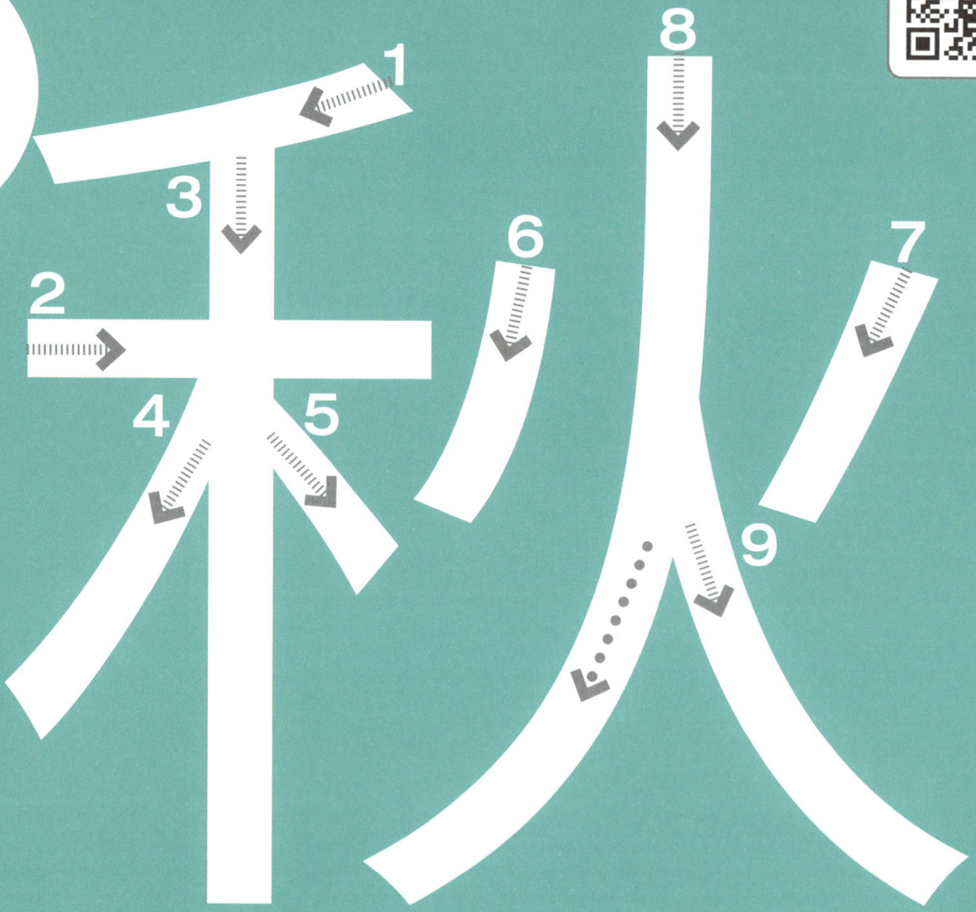

한자를 보고 천천히 따라 써보세요.

秋 秋 秋 秋
秋 秋 秋 秋

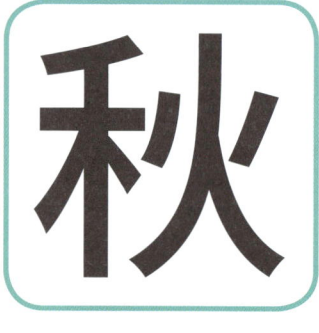

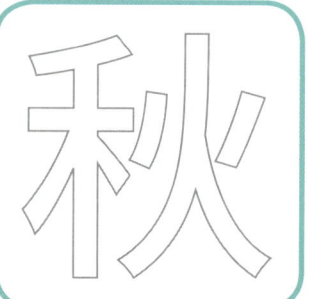

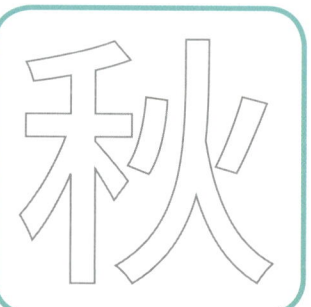

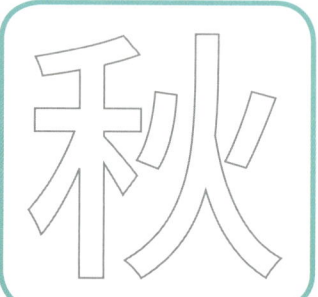

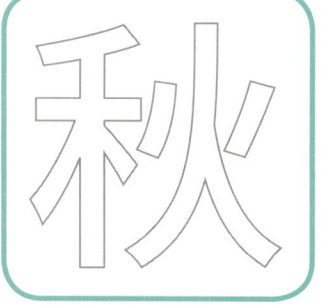

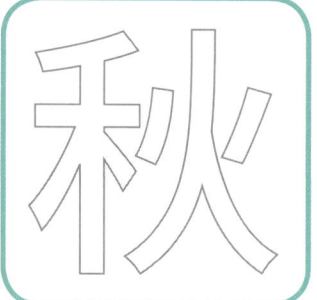

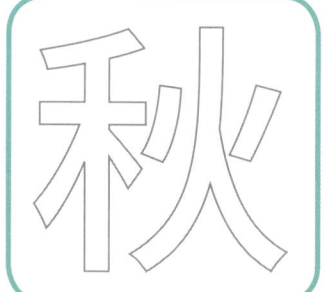

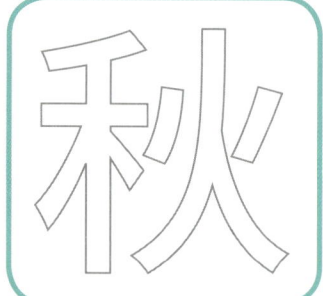

단어를 큰소리로 읽고 그림 한자를 예쁘게 색칠해요.

추 석
秋夕
*한가위

춘 추
春秋
*봄과 가을

추 계
秋季
*가을철

추 풍
秋風
*가을바람

한자를 보지 말고 또박또박 써보세요.

동

겨울 동
winter

손가락으로 화살표를 따라 그려보고 연필로 써보세요.

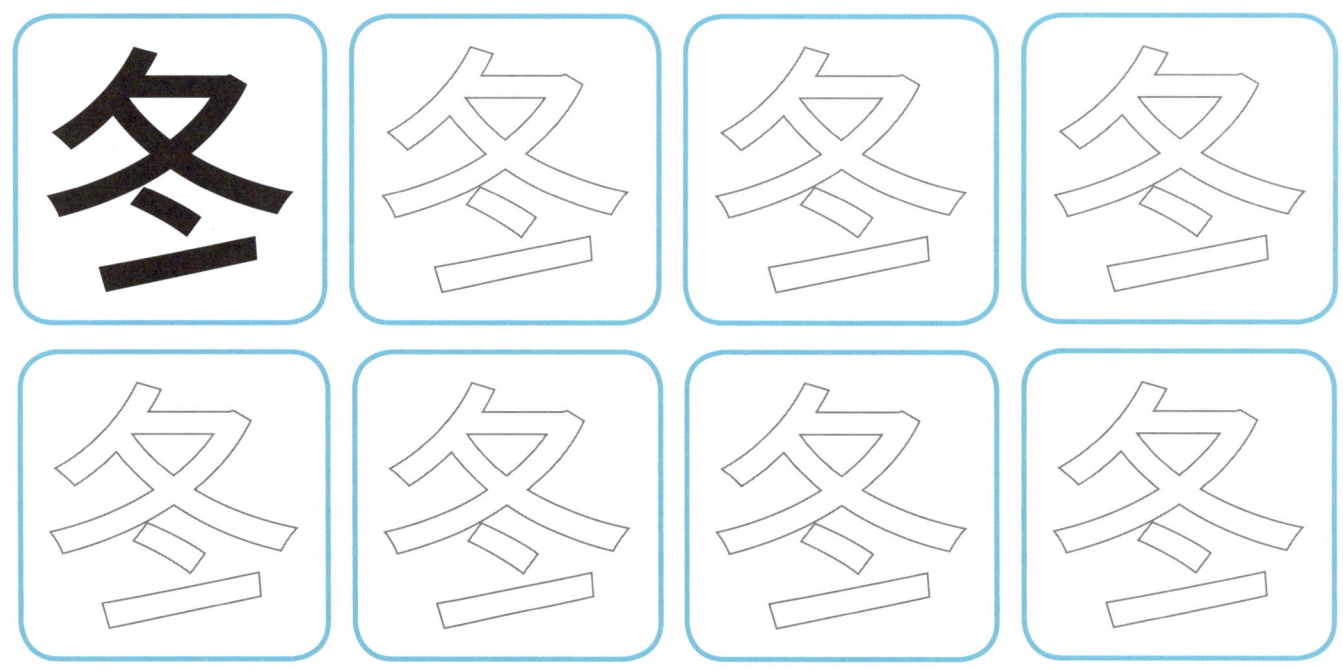

한자를 보고 천천히 따라 써보세요.

단어를 큰소리로 읽고 그림 한자를 예쁘게 색칠해요.

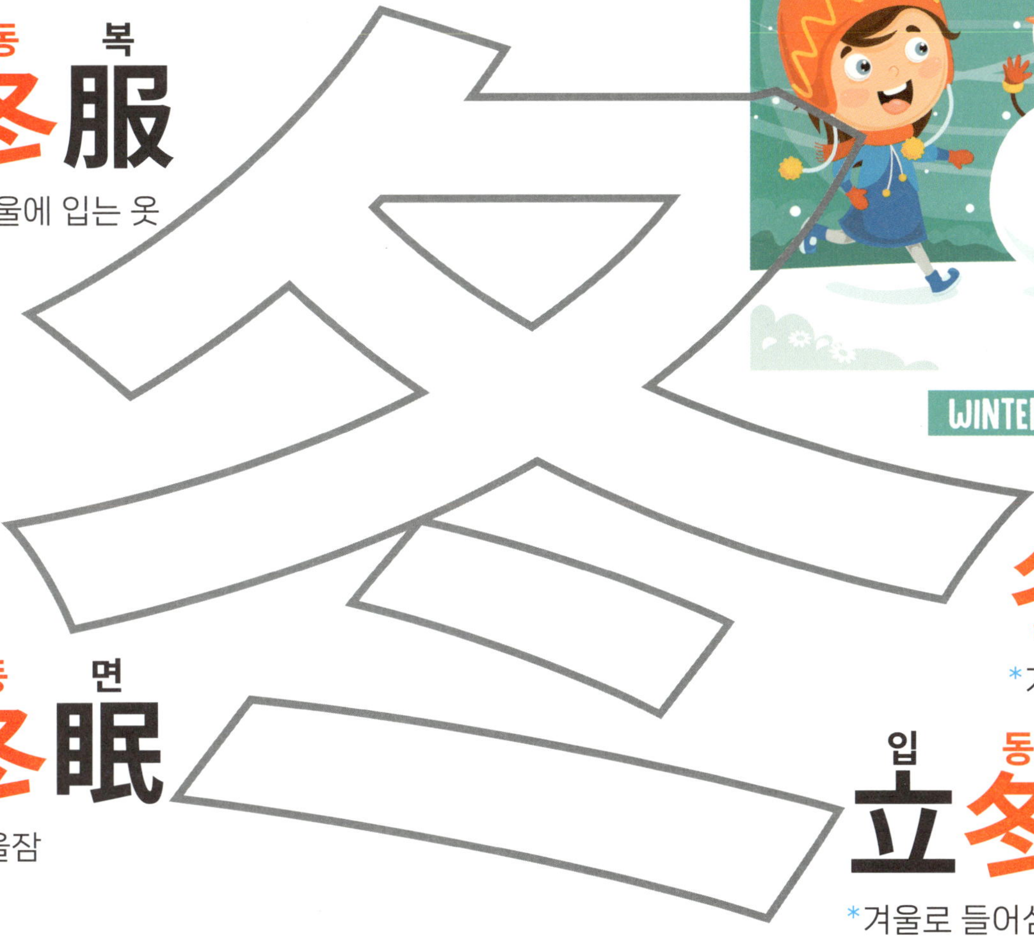

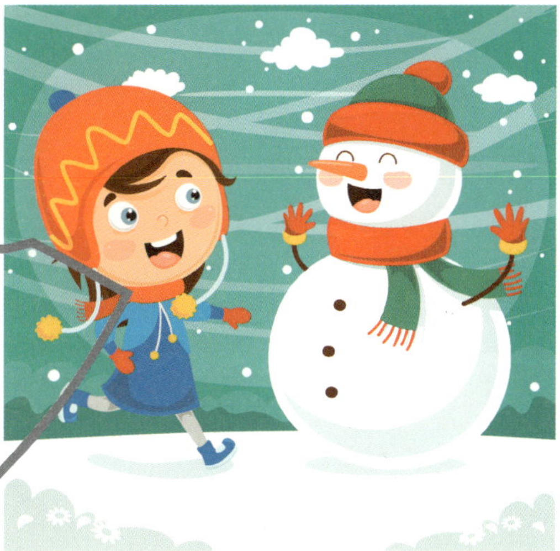

WINTER

동 복
冬服
*겨울에 입는 옷

동 계
冬季
*겨울철

동 면
冬眠
*겨울잠

입 동
立冬
*겨울로 들어섬

한자를 보지 말고 또박또박 써보세요.

가

집 가
house

손가락으로 화살표를 따라 그려보고 연필로 써보세요.

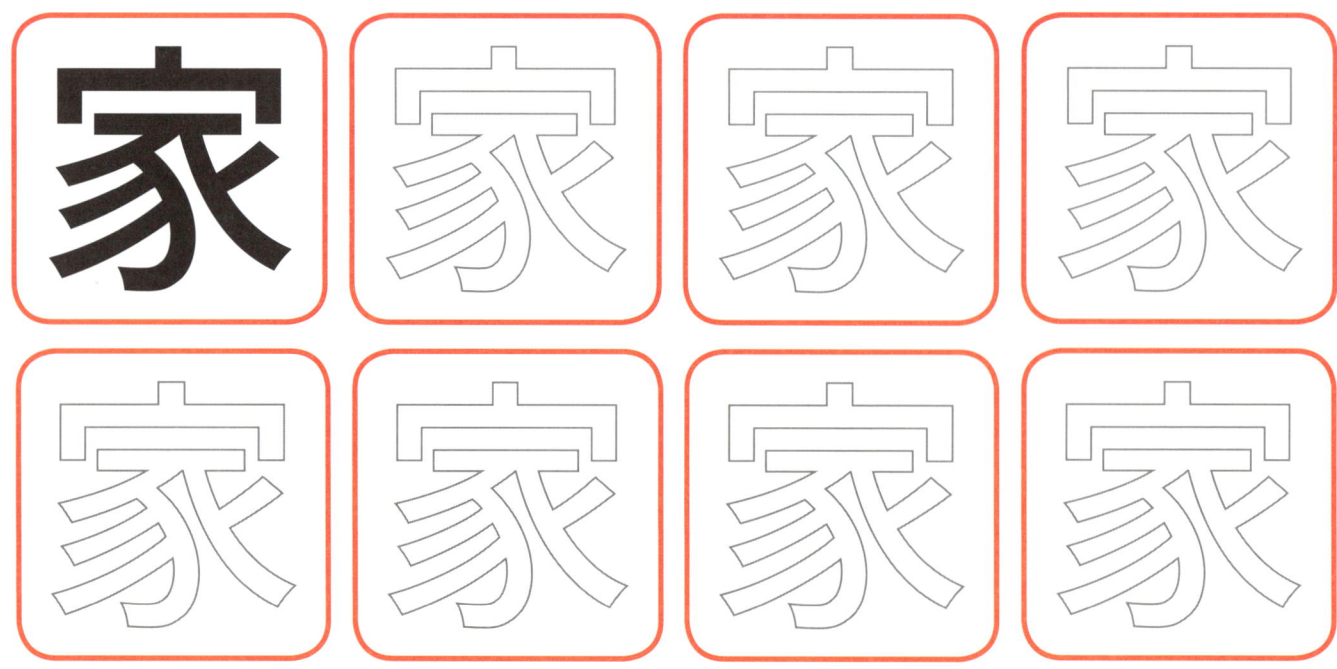

한자를 보고 천천히 따라 써보세요.

☁️ 단어를 큰소리로 읽고 그림 한자를 예쁘게 색칠해요.

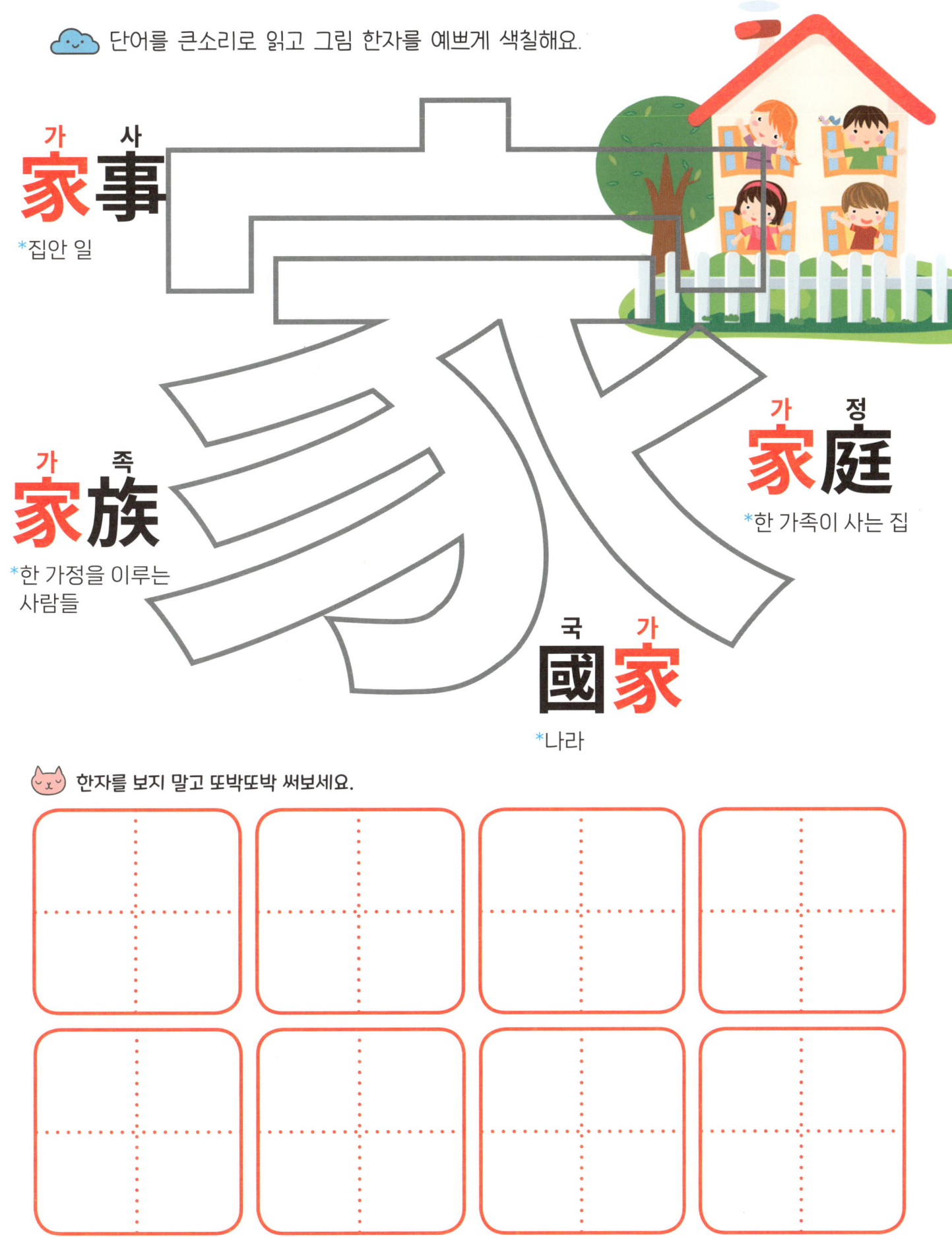

가 사
家事
*집안 일

가 족
家族
*한 가정을 이루는 사람들

가 정
家庭
*한 가족이 사는 집

국 가
國**家**
*나라

🐱 한자를 보지 말고 또박또박 써보세요.

👍 다음 한자를 보고 알맞는 음(소리)을 선으로 연결해보세요.

家 •   • 하
冬 •   • 가
秋 •   • 춘
夏 •   • 동
春 •   • 추

🍦 다음 한자의 음훈(소리와 뜻)을 보고 알맞는 한자에 동그라미를 치세요

여름 하   春 夏 秋 冬 家

겨울 동   春 夏 秋 冬 家

봄 춘   春 夏 秋 冬 家

집 가   春 夏 秋 冬 家

가을 추   春 夏 秋 冬 家

다음 밑줄 친 한자의 독음(읽는 소리)을 동그라미에 써넣으세요.

○ <u>春</u>풍　　　　○ <u>家</u>정

○ <u>夏</u>복　　　　○ <u>春</u>추복

○ 춘<u>秋</u>　　　　○ <u>夏</u>계

○ <u>冬</u>면　　　　○ <u>秋</u>계

○ <u>家</u>족　　　　○ 입<u>冬</u>

🐱 다음 음훈(소리와 뜻)에 알맞은 한자를 네모 칸에 써넣으세요.

여름 하　　　봄 춘　　　겨울 동　　　가을 추